JN409609

성경이 말하는 동성애

성경이 말하는 동성애

소돔의 죄는 동성애인가, 이방인에 대한 거부인가?

홍석용 지음

동무출판사

머리말

이 책은 2011년 겨울 무렵에 주일예배에서 한 설교들을 모은 것이다. 당시 본 교회에는 '동성애'와 관련된 이슈가 있었고, 교인들은 '판단' 하기 전에 성경에서 동성애를 어떻게 이야기하는가를 진지하게 살펴보기로 했다. 그래서 동성애와 관련된다고 여겨지는 성경의 몇몇 본문을 중심으로 동성애에 관한 연속설교를 했고, 2015년에는 전자책으로 출간하기도 했다.

우리나라 주류 기독교는 동성애/자를 비롯해서 성소수자에 대해 매우 부정적으로 보고 있다. 몇 년 전에 진보적인 교단으로 간주되는 한국기독교장로회 총회에서 교회와사회위원회가 헌의한 '성소수자들 위한 목회 지침 연구안' 안건이 부결되었다. 이 안건은 성소수자 이슈는 한국 교회에서 중요한 현안으로 대두될 될 터이기에 찬반을 떠나 연구가 필요하다는 제안이었지만(즉 지침 통과 안건이 아니라 연구를 해야 한다는 제안이었음에도 불구하고) 상당한 표차로 부결되었다. 진보적인 교단에서조차도 연구해보자는 안건도 부결되었다면 다른 교단의 사정은 미루어 짐작해도 암담할 뿐이다. 성소수자에 대해 혐오의 발언을 일삼으며 비상식적인 방식으로 반대하는 일부 보수적인 기독교인들의 정서는 그들만의 것이 아니라 대다수 기독교인들의 정서일 것이다.

하지만 동성애/자를 판단하기 전에 성경이 동성애/자를 어떻게 이야기하는지 진지하게 살펴보는 시도는 거의 없는 실정이다. 또한 동성애/자에 관해 비교적 진지한 태도를 취하는 복음주의 설교자들조차도 대부분 '동성애적 행위는 죄악이다.'라는 전제를 이미 가진 채로 성경을 해석한다. 그러나 예정론부터 만인구원론까지 구원에 관한 성경 해석이 다양하듯이 '동성애와 관련된' 성경의 몇몇 구절 또한 다양한 해석이 가능하고 실제로 그런 해석들이 존재한다. 그렇다면 예정론을 믿는 교파에 속하든 만인구원론을 믿는 교파에 속하든 성경이 구원을 어떻게 이야기하는지를 진지하게 공부하고 서로의 견해를 존중하듯이 동성애와 관련된 구절들에 대해서도 동일한 태도를 취해야 마땅하다. 만약 성경에서 창조, 구원, 재림 등에 대해 어떻게 이야기하는지를 배우기 위해 열린 마음으로 여러 목회자들의 다양한 설교를 들으면서 유독 동성애에 대해서만 귀를 닫고 자신의 기존 믿음을 고수한다면 자신의 권위를 성경과 하나님보다 위에 두는 행위일 것이다.

오늘날 누가 노예제를 주장하고 여성은 남성의 종이라고 외친다면 시대착오이고 비합리적이며 악한 인간이라는 평가를 받겠지만 사실 몇 백 년 전만해도 같은 인간을 노예로 부리고 때리고 여성은 남성보다 열등해서 투표권을 주지 않는 것이 '상식'이었다. 심지어 그 근거를 성경의 몇몇 구절에서 찾기도 했다. 기독교인의 입장에서 보면, 성경을 읽고 그 말씀에서 세상을 살아가는 교훈을 얻은 게 아니라 기존에 고수하던 신념의 근거를 사후적으로 성경의 몇몇 구절에서 찾은 셈이다. 이런 까닭에 나는 동성애/자를 부정적으로 보는 기독교인들이 그런 정서와 태도가 어디에서 연유한 것인지 되돌아보면 좋겠다. 성경이 정말 어떻게 이야기하는지를 자세하고 다양하게 살펴보면 좋겠다는 바람이 있다. 이 설교집이 그러한 일에 쓰이기를 원한다. 판단은 여러분의 몫이고 판단은 나중에 해도 늦지 않다. 아니 나중에 해야만 우리의 선조들이 행한 실수와 죄를 반복하지 않을 수 있다. 다양한 설교를 들어보고 숙고한 뒤에 판단을 내려야만, 또 확신이 들더라도 겸손한 태도로 자신과 견해가 다른 이들의 확신도 경청하고 존중해야만 우리는 하나님 말씀의 참뜻에 한 걸음 더 가까이 갈 수 있을 것이다.

모든 설교가 그렇지만 특히 이 설교를 할 수 있었던 힘은 교회 교우들의 믿음이었다. 연약하고 부족한 사람의 설교를 진지하게 듣고 반응해준 교우들에게 감사한 마음을 드린다. "인생의 난관에 처할 때마다, 우리는 사랑을 통해서 많은 것을 배우게 된다. 불완전한 인간이 자신의 숙명을 받아들이게 되는 것은 가장 가까이 있는 사람들의 사랑에 의해서다"라는 프로이트의 격언처럼 나는 교우들의 사랑을 통해서 많은 것을 배우게 되었고 내 숙명을 이전보다는 조금 더 편안하게 받아들이게 되었다. 정죄보다 더 무서운 것은 사랑이며, 비난보다 더 큰 책임을 지게 하는 것도 사랑이다. 사도 바울은 "사랑의 빚 이외에는 아무에게도 빚을 지지말자"(로마서13:8)고 하였는데, 생각해보면 사랑의 빚만큼 가장 무겁고 책임을 요구하는 것은 없는 것 같다.

이 설교집은 '정답'이 아니다. '정답'을 가지고 있다는 사람들에게 던지는 '질문'일 뿐이다. 그 질문에 진지하게 응답하는 사람들이 몇 명이라도 있다면 설교집을 낸 보람이 있을 것 같다.

세상에 혼자서 할 수 있는 일은 아무 것도 없다. 설교를 계속 할 수 있도록 자리를 마련해주는 교우들에게 감사를 드린다. 교우들의 응답은 늘 자극을 준다. 설교집을 위해 꾸준하게 지목헌금을 하고 있는 한 형제의 인애와 사랑에 감사를 드린다. 동무출판사가 없었으면 이 설교집은 나오지 못했을 것이다. 노고에 감사드린다.

2020년 6월 20일

설교자 홍석용

차례

창세기 19:1-11절

소돔의 죄

1 저녁때에 두 천사가 소돔에 이르렀다. 롯이 소돔 성 어귀에 앉
아 있다가, 그들을 보고 일어나서 맞으며, 얼굴을 땅에 대고 엎드
려 청하였다. 2 "두 분께서는 가시는 길을 멈추시고, 이 종의 집으
로 오셔서, 발을 씻고, 하룻밤 머무르시기 바랍니다. 내일 아침에
일찍 일어나셔서, 길을 떠나시기 바랍니다." 그들이 대답하였다.
"아닙니다. 우리는 그냥 길에서 하룻밤을 묵을 생각입니다." 3 그
러나 롯이 간절히 권하므로, 마침내 그들이 롯을 따라서 집으로
들어갔다. 롯이 그들에게, 누룩 넣지 않은 빵을 구워서 상을 차려
주니, 그들은 롯이 차려 준 것을 먹었다. 4 그들이 잠자리에 들기
전에, 소돔 성 각 마을에서, 젊은이 노인 할 것 없이 모든 남자가

몰려와서, 그 집을 둘러쌌다. 5 그들은 롯에게 소리쳤다. "오늘 밤
에 당신의 집에 온 그 남자들이 어디에 있소? 그들을 우리에게로
데리고 나오시오. 우리가 그 남자들과 상관 좀 해야 하겠소." 6 롯
은 그 남자들을 만나려고 바깥으로 나가서는, 뒤로 문을 걸어 잠
그고, 7 그들을 타일렀다. "여보게들, 제발 이러지 말게. 이건 악
한 짓일세. 8 이것 보게, 나에게 남자를 알지 못하는 두 딸이 있
네. 그 아이들을 자네들에게 줄 터이니, 그 아이들을 자네들 좋을
대로 하게. 그러나 이 남자들은 나의 집에 보호받으러 온 손님들
이니까, 그들에게는 아무 일도 저지르지 말게." 9 그러자 소돔의
남자들이 롯에게 비켜서라고 소리를 지르고 나서 "이 사람이, 자
기도 나그네살이를 하는 주제에, 우리에게 재판관 행세를 하려고
하는구나. 어디, 그들보다 당신이 먼저 혼 좀 나 보시오" 하면서,
롯에게 달려들어 밀치고, 대문을 부수려고 하였다. 10 안에 있는
두 사람이, 손을 내밀어 롯을 안으로 끌어들인 다음에, 문을 닫아
걸고, 11 그 집 대문 앞에 모여든 남자들을 젊은이 노인 할 것 없
이 모두 쳐서, 그들의 눈을 어둡게 하여, 대문을 찾지 못하게 하
였다.

최근 교회에는 동성애와 관련된 질문과 의문, 고민이 있었습니다. 판단을 내리기 전에 성경이 어떻게 이야기하는가를 먼저

살펴보고 함께 생각을 나누면 좋겠습니다. 성경에는 동성애와 관련된다고 하는 구절이 대여섯 곳 있습니다. 일부 기독교인이 이 구절들을 근거로 삼아 동성애자를 비롯한 성소수자를 혐오하는데요. 이 구절들을 근거로 성소수자들을 반대하는 것이 타당한지를 몇 주 동안 차근차근 살펴보려 합니다. 이와 더불어 결혼, 성, 가족과 하나님 나라와의 관계 등도 생각해볼 것입니다.

이러한 주제의 설교, 혹은 성경 해석 등에 은혜를 받고 받아들일 수도 있지만 불편함과 거부감이 들 수도 있을 것입니다. 그러나 이처럼 반응과 선택은 결국 각자의 몫일 테지만 그런 결정을 내리기 전에 설교를 잘 듣고, 사도행전에 나오는 베뢰아 신자들처럼 마음을 열고 성경이 정말 그렇게 이야기하는가를 살펴주시기를 바랍니다. 요즘 우리가 묵상하고 있는 사도행전을 보면 사도바울이 복음을 전할 때 복음을 듣는 사람들과 토론하고 논쟁하는 일이 있었다고 합니다. 이처럼 이 설교를 듣고도 질문이 많았으면 좋겠고, 성경이 정말 그렇게 이야기하는가를 두고 활발한 토론(싸움이 아닌)이 있었으면 좋겠습니다.

우선 소돔의 죄악이 무엇인지를 살펴보겠습니다. 하나님의 천사들이 소돔을 방문합니다. 성문 어귀에 롯이 앉아 있다가 소돔을 방문한 두 명의 천사를 발견하고 친절하게 인사하며 집에 초대합니다. 천사들은 길거리에서 잠을 자겠다고 하였으나 롯은 간절히 권하면서 집에 초대합니다. 그래서 천사들은 롯의 집에 갔고 롯은 이 천사들을 당대 풍습대로 친절을 베풀고 음식과 잠자리를 제공하며 환대합니다.

그런데 밤늦게 소돔에 살던 남자들이 몰려와서 롯의 집을 에워쌉니다. 젊은이 노인 할 것 없이 모든 남자가 몰려왔다고 합니다. 소돔에 사는 일부 불량배가 몰려 온 것이 아니라 노인이나 젊은이 가릴 것 없이 소돔의 모든 남자가 몰려왔다고 합니다. 과장법입니다마는 롯의 집에 와서 행패를 부리는 소돔 사람들의 행태는 소돔 사람 일부의 행태가 아니라 소돔에 사는 사람들의 일반적인 행태였음을 뜻합니다. 이들은 소리를 지르면서 롯에게 "오늘 밤에 당신의 집에 온 그 남자들이 어디에 있소? 그들을 우리에게로 데리고 나오시오. 우리가 그 남자들과 상관 좀 해야 하겠소."라고 합니다.

롯은 이 사람들에게 "여보게들, 제발 이러지 말게. 이건 악한 짓일세."라고 타이릅니다. 그리고 그들을 달래기 위해서 두 딸을 주겠다고 합니다. 그러나 소돔의 남자들은 소리를 지르면서 "이 사람이, 자기도 나그네살이를 하는 주제에, 우리에게 재판관 행세를 하려고 하는구나. 어디, 그들보다 당신이 먼저 혼 좀 나보시오."하면서 롯에게 달려들고 대문을 부수려고 합니다. 그때 두 천사가 롯을 집안으로 끌어 들이고, 롯의 집을 에워싸고 있던 사람들의 눈을 모두 어둡게 했다고 합니다.

소돔의 이야기는 기독교에서 전통적으로 동성애를 정죄하는 부분으로 해석되어 왔습니다. 영어 sodomite는 소돔 사람, 남색자, 비역질하는 사람을 뜻하는데 바로 이 소돔 이야기, 소돔 지명에서 유래된 말입니다. 정확한 시기를 알 수 없지만(중세부터라는 것이 학자들의 일반적인 견해입니다) 기독교 역사를 돌아보면 언제부터인가 소돔 이야기를 이렇게 해석하기 시작했습니다. 즉 소돔 사람들이 두 천사에게 하려 했던 것은 동성섹스였고 소돔이 하나님의 진노를 사서 멸망을 받은 이유도 동성섹스, 동성애(이어지는 설교에서 상술하겠지만 교회사에서도 일반적으로 동성섹스와 동성애를 구별하지 않은 채로 사용합니다)라고 말입니다. 그래서 소돔이라는 단어에서 동성애자를 지칭하는 sodomite라는 단어가 유래한 것입니다. 즉 이런 배경에서, 소돔 이야기에서 부정적 의미의 동성애자를 지칭하는 sodomite가 유래했습니다.

그러나 소돔 이야기에서 정죄하는 것이 동성섹스 혹은 동성애인지, 그러니까 그런 성경 해석이 바른 것인지, 나아가 소돔 이야기를 근거로 오늘날 수많은 동성애자들을 정죄하고 기독교 공동체에서 쫓아내는 것이 정당한지에는 의문의 여지가 적지 않습니다. 그래서 먼저 오늘은 소돔 이야기에서 정죄하는 죄악이 정확히 무엇인지, 또 오늘날 우리 시대에 어떻게 적용할 수 있는지를 살펴보려고 합니다.

두 천사가 소돔을 방문한 이유가 무엇일까요? 창세기 18:20-21절입니다.

> **20** 주님께서 또 말씀하셨다. "소돔과 고모라에서 들려 오는 저 울부짖는 소리가 너무 크다. 그 안에서 사람들이 엄청난 죄를 저지르고 있다. **21** 이제 내가 내려가서, 거기에서 벌어지는 모든 악한 일이 정말 나에게까지 들려 온 울부짖음과 같은 것인지를 알아보겠다." **22** 그 사람들은 거기에서 떠나서 소돔으로 갔으나, 아브라함은 주님 앞에 그대로 서 있었다.

소돔을 멸망시키려는 이유는 그 안에서 사람들이 엄청난 죄를 저지르고 있었기 때문입니다. 그래서 하나님은 소돔에서 벌어지는 모든 악한 일의 실상을 보려고 두 명의 천사들을 소돔에 보냅니다. 아브라함이 소돔을 구하기 위해서 하나님에게 중보의 기도를 드리지만 의인 열 명이 없을 정도로 소돔은 악으로 가득 찬 상태입니다. 의인 열 명이 없다는 것은 소돔 지역에서 의로운 공동체가 전혀 없었음을 뜻합니다. 열 명은 하나의 공동체를 이루는 최소 단위인데, 개인적으로는 의인이 있었지만(롯이 의인으로 여겨집니다.) 공동체 수준에서는 의로운 공동체가 없었습니다. 그래서 소돔은 멸망합니다. 그러면 하나님의 진노를 산 소돔의 죄악은 정확히 무엇이었을까? 정말 동성애가 만연해서 멸망당한 것일까요? 아니면 다른 어떤 죄악 때문일까요? 소돔 이야기의 전후맥락을 살펴보면 그 죄악이 무엇인지 유추할 수 있습니다.

창세기 18장과 19장은 문예적으로 서로 대조를 이루는 이야기입니다. 창세기 18:1-8절입니다.

> 1 주님께서 마므레의 상수리나무 곁에서 아브라함에게 나타나셨
> 다. 한창 더운 대낮에, 아브라함은 자기의 장막 어귀에 앉아 있었
> 다. 2 아브라함이 고개를 들고 보니, 웬 사람 셋이 자기의 맞은쪽
> 에 서 있었다. 그는 그들을 보자, 장막 어귀에서 달려나가서, 그
> 들을 맞이하며, 땅에 엎드려서 절을 하였다. 3 아브라함이 말하
> 였다. "손님들께서 저를 좋게 보시면, 이 종의 곁을 그냥 지나가
> 지 마시기 바랍니다. 4 물을 좀 가져 오라고 하셔서, 발을 씻으시

고, 이 나무 아래에서 쉬시기 바랍니다. 5 손님들께서 잡수실 것
을, 제가 조금 가져 오겠습니다. 이렇게 이 종에게로 오셨으니, 좀
잡수시고, 기분이 상쾌해진 다음에 길을 떠나시기 바랍니다." 그
들이 대답하였다. "좋습니다. 정 그렇게 하라고 하시면, 사양하지
않겠습니다." 6 아브라함이 장막 안으로 뛰어 들어가서, 사라에게
말하였다. "빨리 고운 밀가루 세 스아를 가지고 와서, 반죽을 하
여 빵을 좀 구우시오." 7 아브라함이 집짐승 떼가 있는 데로 달려
가서, 기름진 좋은 송아지 한 마리를 끌어다가, 하인에게 주니, 하
인이 재빨리 그것을 잡아서 요리하였다. 8 아브라함이 엉긴 젖과
우유와 하인이 만든 송아지 요리를 나그네들 앞에 차려 놓았다. 그
들이 나무 아래에서 먹는 동안에, 아브라함은 서서, 시중을 들었다.

아브라함이 자신의 장막 어귀에 앉아 있다가 낯선 세 사람을 발견하고 그들을 극진히 환대합니다. 아브라함이 처음부터 이들이 하나님과 두 천사라는 것을 알고 이렇게 환대한 것은 아닙니다. 처음에는 낯선 나그네로 알았고 그들을 그냥 보내는 것이 도리가 아니기에 집에 초대해서 극진히 환대합니다.

19장에 나오는 소돔 이야기도 이와 비슷합니다. 두 천사가 소돔을 방문하고 롯은 마을 어귀에 앉아 있다가 이들을 발견하고

집으로 초대해 친절을 베풀며 환대합니다. 그러나 소돔 사람들은 이 두 사람을 폭력적으로 대합니다. 낯선 손님들을 환대하는 것이 아니라 위협하며 적대적으로 대합니다. 즉 창세기 18장에서 아브라함은 낯선 손님을 극진하게 환대하는 반면에 19장의 소돔 사람들은 낯선 손님을 폭력적으로 대합니다.

18장에서 하나님은 아브라함에게 공동체에 대한 비전을 줍니다. 창세기 18:16-19절입니다.

> **16** 그 사람들이 떠나려고 일어서서, 소돔이 내려다보이는 데로 갔다. 아브라함은 그들을 바래다 주려고, 함께 얼마쯤 걸었다. **17** 그 때에 주님께서 말씀하셨다. "내가 앞으로 하려고 하는 일을, 어찌 아브라함에게 숨기랴? **18** 아브라함은 반드시 크고 강한 나라를 이룰 것이며, 땅 위에 있는 나라마다, 그로 말미암아 복을 받게 될 것이다. **19** 내가 아브라함을 선택한 것은, 그가 자식들과 자손을 잘 가르쳐서, 나에게 순종하게 하고, 옳고 바른 일을 하도록 가르치라는 뜻에서 한 것이다. 그의 자손이 아브라함에게 배운 대로 하면, 나는 아브라함에게 약속한 대로 다 이루어 주겠다."

아브라함에게 크고 강한 나라를 주겠다고 약속합니다. 그런데 그 나라는 하나님에게 순종하고 옳고 바른 일을 해야 이루어지는 나라입니다. 이처럼 하나님은 아브라함을 축복하며 공동체를 약속합니다. 반면에 19장에서는 소돔이라는 한 공동체가 철저하게 멸망당합니다. 흔적도 없이 멸망당합니다. 소돔에는 의인 열 명이라는, 하나님의 뜻대로 살아가는 최소한의 공동체조차 없어서 멸망을 당합니다.

이러한 대조를 보면 소돔의 죄악이 무엇이었는지 분명하게 드러납니다. 소돔의 죄악은 동성애가 아니라 낯선 손님을 경계하고 학대하는 것이었습니다. 구약의 예언서를 보면 이러한 소돔의 죄악이 분명하게 표현됩니다. 에스겔 16:48-50절입니다.

> **48** 나 주 하나님의 말이다. 내가 나의 삶을 두고 맹세한다. 네 동
> 생 소돔 곧 그와 그 딸들은 너와 네 딸들처럼 행동하지는 않았다.
> **49** 네 동생 소돔의 죄악은 이러하다. 소돔과 그의 딸들은 교만하
> 였다. 또 양식이 많아서 배부르고 한가하여 평안하게 살면서도,
> 가난하고 못 사는 사람들의 손을 붙잡아 주지 않았다. **50** 오히려
> 그들은 교만하였으며, 내 눈 앞에서 역겨운 일을 하였다. 그러므
> 로 내가 그것을 보고는, 그들을 없애 버렸다.

하나님이 에스겔 선지자를 통해서 이스라엘의 죄악을 책망하면서 소돔의 죄악과 비교합니다. 하나님이 죄악 때문에 소돔을

멸망시켰는데, 이스라엘의 죄악은 소돔보다 훨씬 크다는 것입니다. 그러면 소돔의 죄악은 무엇인가요? 49절에 나온 것처럼 소돔은 "양식이 많아서 배부르고 한가하여 평안하게 살면서도, 가난하고 못 사는 사람들의 손을 붙잡아 주지 않았다." 오히려 그들은 교만했다고 합니다. 즉 소돔의 죄악은 자신들은 배부르게 먹으면서 가난한 사람들은 철저히 외면했다는 것입니다. 이것이 소돔의 죄악입니다.

구약 외경에 지혜서라고 있습니다. 개신교는 외경을 받아들이지 않지만 천주교는 정경보다는 권위가 덜하지만 신자의 삶에 중요한 신앙 문서로 외경을 받아들이고 있습니다. 이런 외경의 지혜서에는 소돔의 죄악이 나옵니다. 이를 보면 당시 유대인들이 소돔의 죄악을 어떻게 이해했는지를 알 수 있습니다. 제가 읽어드리겠습니다. 지혜서 19:13-17절입니다. 이집트에 대한 심판 선언인데, 소돔의 죄악과 이집트의 죄악을 비교하면서 이집트를 심판합니다.

> **13** 그러나 죄 많은 이집트인들에게는 벌을 예고하여 무시무시한 번개가 치고 온갖 징벌이 내렸다. 그들은 이국 사람들을 그토록 미워함으로써 그들이 지은 죄에 합당한 고통을 받았다. **14** 소돔

사람들은 낯선 사람들이 왔을 때에 아예 받아들이지도 않았지만 그들은 손님들과 의인들을 손님으로 받아들였다. **15** 그뿐만 아니라, 소돔 사람들은 애초부터 이국 사람들에게 적의를 나타냈다. 그들은 응분의 벌을 받겠지만 **16** 이집트인들은 주님의 백성을 받아들일 때에는 잔치를 베풀고 자기들과 동등한 권리를 베풀어준 다음에 강제 노동으로 고생을 시켰던 것이다. **17** 그래서 이집트 사람들은 의인의 집 문턱에서 소경이 되었던 소돔 사람들처럼, 벌을 받아 소경이 되었다. 사방이 캄캄하게 되어 모든 사람이 제 집 문을 더듬어서 찾아야 했다.

소돔 사람들의 죄악을 '낯선 사람들이 왔을 때에 아예 받아들이지도 않았다.' 그들은 '애초부터 이국 사람들에게 적의를 나타냈다.'고 합니다. 이것이 유대인들이 이해한 소돔 사람들의 죄악입니다. 동성애가 죄악이 아니라 낯선 사람들을 경계 및 거부하고 괴롭히고 학대하고 착취한 것이 소돔 사람들의 죄악입니다. 그렇다면 왜 많은 기독교인들이 이 소돔 이야기에서 동성애를 찾고, 동성애를 정죄할까요? 오늘 읽은 본문으로 다시 돌아가 보겠습니다. 창세기 19:5절입니다.

5 그들은 롯에게 소리쳤다. "오늘 밤에 당신의 집에 온 그 남자들

이 어디에 있소? 그들을 우리에게로 데리고 나오시오. 우리가 그 남자들과 상관 좀 해야 하겠소."

5절 하반절에 "우리가 그 남자들과 상관 좀 해야 하겠소."라는 구절 때문입니다. 여기서 '상관하다'는 히브리어로 '야다'라는 단어인데, '알다'라는 뜻입니다. 야다라는 단어는 성적인 뜻으로도 쓰입니다. 예를 들면 창세기 4:1절에 '아담이 자기 아내 하와와 동침하니'라는 말이 나오는데, 여기서 '동침하니'로 번역된 단어가 야다입니다. 그런데 이 단어가 늘 성적인 뜻으로 쓰인 것은 아닙니다. '하나님을 안다'라고 할 때도 같은 단어가 사용됩니다. 야다라는 동사는 구약성경에 943번 나온다고 합니다. 그런데 그 중에서 성적인 의미를 담고 있는 것은 10번 정도 된다고 합니다.

그래서 19:5절에서 소돔의 남자들이 이 천사에 대해 "우리가 그 남자들과 상관 좀 해야 하겠소."라는 말이 성적인 관계를 맺겠다는 것인지, 아니면 그들의 정체를 알아야겠다는 것인지 분명하지 않습니다. 그렇지만 어떤 의미로 쓰였든 명백한 점은 적의가 담겼다는 것입니다. 이들이 두 천사와 성적 관계를 갖길 원한다고 해도 진정으로 사랑해서, 혹은 한눈에 반해서, 아니면 하룻밤 사랑이라도 나누려는 의도가 있는 게 결코 아닙니다. 적대감에 불타 강간하겠다는 것입니다. 그러므로 여기서 사용된 '상관하다'가 성관계를 뜻한다고 해서 호의나 사랑이 깃든 성관계가 아니라 적개심에서 나온 성폭력이라는 점은 분명합니다. 그런데 왜 대부분의 사람들은 '야다'라는 단어를 성적인 관계를 뜻하는 단어로 생각할까요? 그 이유는 이어지는 롯의 행동 때문입니다. 롯이 소돔 사람들에게 이렇게 이야기합니다. 7-8절을 한번 읽어 보기 바랍니다.

> **7** 그들을 타일렀다. "여보게들, 제발 이러지 말게. 이건 악한 짓일세. **8** 이것 보게, 나에게 남자를 알지 못하는 두 딸이 있네. 그 아이들을 자네들에게 줄 터이니, 그 아이들을 자네들 좋을 대로 하게. 그러나 이 남자들은 나의 집에 보호받으러 온 손님들이니까, 그들에게는 아무 일도 저지르지 말게."

롯은 성이 잔뜩 나 있는 소돔 사람들을 달래기 위해 두 딸을 주겠다고 합니다. 딸들을 소개할 때 '남자를 알지 못하는 두 딸'이라고 소개하는 것으로 봐서 롯은 두 딸을 성적 대상으로 내어줘 소돔 사람들을 달래고 협상하려는 듯 보입니다. 이런 맥락에서 소돔 사람들이 이 두 천사와 성관계를 시도하려고 했다는 것으로 해석합니다. 이러한 해석도 나름 타당합니다. 그러나 이러한 해석을 취한다고 해서 소돔 이야기를 동성애를 정죄하는 근거로 사용하는 것은 무리가 있습니다. 왜냐하면 소돔 사람들의 행위는 성을 매개로 하는 착취와 폭력이지 동성애 혹은 동성애자에 대한 것은 아니기 때문입니다. 그리고 롯이 두 딸을 이들에게 내어 주겠다고 하는 것으로 봐서 이들은 굳이 따지자면 이성애자이지 동성애자라고 할 수 없습니다.

대체로 동성애와 동성섹스를 구별하지 않는데, 이 둘은 엄연히 구별되는 것입니다. 즉 동성과 성관계를 맺었다고 해서 반드시 동성애자인 것은 아닙니다. 예를 들면 이런 것입니다. 2010년 11월, 〈오마이뉴스〉에 군대 내 동성 간 성폭력에 관한 기사가 실렸는데, 그 일부를 제가 읽어 드리겠습니다.

> 현재 기독교계를 중심으로 불고 있는 동성애 논란의 초점 중 하나는 군대 내 동성애자를 '가해자로 볼 것인가' 아니면 '피해자로 볼 것인가'하는 점이다. 하지만 이 같은 논점과 관련해서는 지난 2004년 한국성폭력상담소와 국가인권위원회가 공동으로 조사한 〈군대 내 성폭력 실태 용역 보고서〉가 합리적 판단의 기준을 제공하는 것 같다.
>
> 당시 보고서에 따르면 '군대 내 성폭력은 선임병에게서 후임병에게 일어나는 경우가 대부분이며 동성애자가 가해자로 나타난 경우는 단 한 차례도 없었으며 오히려 피해자로 나타

> 나는 경우가 더 많았다'고 적시한 바 있다.
>
> 보고서는 '성폭력의 가해자로 지목된 사병들은 대부분 자신을 이성애자로 보고 있으며 동성애를 혐오하거나 비난하는 경우가 많았고 실제로 전역이후 이성과의 교제를 하거나 이성애자와 교제할 것이라고 밝혔고 동성애자는 오히려 군대라는 폐쇄된 공간에서 자신의 성 정체성을 숨기기 위해 오해받을 행동을 더욱 조심하기 때문에 성폭력의 피해자는 될 수 있어도 가해자는 될 수 없다'고 결론지은 바 있다.
>
> 또한 '한 사회에서 성폭행을 하는 남성은 권력을 행사하는 입장이기 때문에 성적으로 소수자이면서 차별 받는 입장에 있는 동성애자들이 이성애자를 가해하기는 힘들다'고 분석했으며 '오히려 동성애자의 경우는 가해자가 아닌 피해자 그룹'이라고 분석했다.[1]

즉 동성 간에 성관계를 갖는다고 해서 반드시 동성애자라고 할 수는 없고, 오히려 이성애자들이 권력관계를 이용해 하급자를 성적으로 학대하는 유형의 동성섹스가 종종 일어난다는 것입니다. 소돔의 이야기도 이와 비슷합니다. 소돔의 남자들이 두 천

---

1 추광규 '기독교 '동성애' 논쟁 뜨겁다', 〈오마이뉴스〉 2010년 11월 20일 http://www.ohmynews.com/NWS_Web/View/at_pg.aspx?CNTN_CD=A0001480950

사와 '상관하겠다'고 한 것을 '성관계를 하겠다'는 뜻으로 해석한다고 하더라도 이것은 이 낯선 사람들을 모욕하고 착취하며 자신들의 발아래에 꿇리겠다는 권력적이고 폭력적인 행동입니다. 즉 성적으로 끌리는 대상이 남자여서, 남자를 사랑해서 남자와 성관계를 갖는 동성애는 전혀 아닙니다. 이 소돔 사람들은 두 천사(남자)를 사랑한 것이 아니라 미워하고 적대했습니다. 그래서 성폭력이라는 수단을 통해서 모욕을 주고 굴복시키고 학대하려고 했던 것입니다.

고대 세계에서는 전쟁에서 승리한 군인들이 패배한 군인들을 성폭행하는 일이 드물지 않았습니다. 고대 세계에서 여자는 매우 비천한 존재였고 그런 의미에서 승리한 군인들이 패배한 군인들을 강간하는 것은 그 패배한 군인을 여자로 취급하여 수치를 주는 행위였습니다. 즉 성욕을 해소하기 위한 것이라기보다는 권력관계에서 '너는 내 밑바닥에 있다.'라는 선언인 것입니다. 소돔 사람들이 두 천사들에게 하려고 했던 것이 이것입니다.

그리고 소돔 사람들이 이 두 천사들과 상관하겠다고 한 것을 반드시 성관계로 해석해야만 하는 것도 아닙니다. 즉 롯이 두 딸을 소돔 사람들에게 성적인 대상으로 내어주겠는 제안을 했다고 해서, 소돔 사람들이 하려고 했던 것을 성행위로 자동적으로 연결하는 것은 무리입니다. 왜냐하면 '상관하겠다'는 말을, 마을 사람들이 이 두 천사에게 성폭행이 아닌, 그러니까 성적인 것과 관련 없는 폭행을 가하겠다는 의미로도 해석할 수 있기 때문입니다. 이것에 대해 롯이 이런 일이 발생하지 않도록 두 딸을 내어주겠다는 제안을 했다고 볼 수도 있습니다. 즉 롯은 자신의 집을 방문한 이 두 사람이 소돔 사람들에게 살해되는 것보다는 두 딸을 내어 주는 것이 낫다고 여겼을 수 있습니다. 이런 해석도 가능하다는 것이지요.

그러므로 소돔의 죄악에서 오늘날 이야기하는 동성애, 혹은 동성애자에 대한 정죄를 찾는 것은 억지입니다. 성경은 동성이든지 이성이든지 간에 성희롱부터 성적 착취, 강간에 이르기까지 모든 성폭력을 정죄합니다. 그것은 성을 도구로 하는 폭력이나 폭행, 착취 등에 대한 정죄이지 '성' 자체에 대한, 혹은 '성지향성, 성정체성'에 대한 정죄는 아닌 것입니다.

그렇다면 소돔의 이야기에서 우리는 무엇을 배우며 어떻게 적용할 수 있을까요? 소돔은 풍족한 도시였습니다. 태평세월을 누리면서 늘 풍족하게 먹고 마시며 평안을 누리던 도시였습니다. 그런데 그 도시는 낯선 사람들을, 타자를 극도로 경계하며 착취하며 억압하고 가난한 사람을 돌보지 않는 사회였습니다. 소돔의 멸망은 바로 이런 사회에 대한 심판의 결과입니다.

그러면 오늘날 우리들에게 낯선 사람은 누구일까요? 여러분에게 낯선 사람은 누구입니까? 그 낯선 사람을 손님으로 대할 수 있는지, 그 낯선 사람을 형식적인 친절함이 아니라 진심에서 우러나온 친절함으로 대할 수 있는지를 살펴야 합니다. 낯선 사람을 혐오하거나 경계하지 않고 환영하며 환대하는 것이 소돔 이야기가 우리에게 가르쳐주는 교훈입니다.

우리 공동체는 어떻습니까? 우리 공동체는 낯선 사람들을 어떻게 대합니까? 낯선 사람이라고 해서 반드시 물리적으로 멀리 떨어져 있는 사람만을 의미하는 것은 아닙니다. 우리 바로 옆에 있음에도 불구하고 낯선 사람일 수 있습니다. 성별 혹은 성적 지향이 달라서, 세대가 달라서, 국적 혹은 피부색이 달라서, 가치관이 달라서 서로에게 낯선 사람일 수 있습니다. 나 혹은 우리와 다른 사람들을, 그리고 공동체 내부적으로도 서로 경계하지 않고 친절과 호의를 가지고 대하는 공동체인가를 살펴보아야 합니다.

비록 본 교회가 매우 작은 공동체이지만 이 공동체에서는 서로의 낯섦을 인정하고 서로를 존재 그대로 받아들이며 서로 환대했으면 좋겠습니다. 이러한 공동체를 이루는 것이 소돔의 죄악을 반복하지 않는 것이며, 소돔에 없었던 의인 열 명의 공동체를 이루는 것입니다. 우리 교회가 그러했으면 좋겠습니다.

레위기 18:22, 20:13절

망측한 짓 1

> 너는 여자와 교합하듯 남자와 교합하면 안 된다. 그것은 망측한 짓이다.(18:22절)
>
> 남자가 같은 남자와 동침하여, 여자에게 하듯 그 남자에게 하면, 그 두 사람은 망측한 짓을 한 것이므로 반드시 사형에 처해야 한다. 그들은 자기 죄값으로 죽는 것이다.(20:13절)

소돔의 죄는 동성애가 아니라 타인에 대한 혐오와 폭력이라고 했습니다. 소돔에 대한 심판은 약한 자를 멸시하고 가난한 자를 억누르고 힘이 없는 자를 착취하고 괴롭히는 사회에 대한 심판입니다.

오늘은 레위기에 나오는 동성애 관련 구절을 살펴보려고 합니다. 동성애를 정죄할 때 즐겨 사용하는 구절이 레위기에 나오는 구절입니다. 이 구절을 가지고 동성애와 동성애자를 정죄하는 것이 정당한지를 살펴보려고 합니다.

우선 본문을 살펴보기 전에 이런 이야기부터 하고 싶습니다. 우리나라에서 보수 혹은 개혁 성향의 복음주의 기독교인들이 동성애를 받아들이고 인정하는 것은 참으로 어려운 일인 것 같습니다. '옳다, 그르다'의 판단을 하지 않은 상태에서, 즉 중립적인 입장에서 성경이 어떻게 이야기하는가를 살펴보는 것이 거의 불가능합니다. 이미 반대, 정죄의 입장을 확고히 정해 놓고 논의하기에 성경의 참뜻에 다가가기가 참으로 어려운 것 같습니다.

독도, 북한, 지역감정과 관련한 문제와 마찬가지로 대부분의 사람들에게 동성애도 논리의 문제가 아니라 정서의 문제입니다. 그래서 토론하기가 무척 어렵습니다. 무슨 말인가 하면요. 보수적인 기독교인 상당수는 동성애를 정죄하거나 반대 혹은 혐오의 감정이 있습니다. 그런데 한번 생각해 보십시오. 기독교를 받아들이고 교회를 다니고 나서부터 동성애를 반대하거나 혐오의 감정이 생겼을까요? 아니면 기독교를 믿기 전부터 동성애에 그런 태도와 정서를 가지고 있었을까요? 아마도 대부분 기독교를 믿기 전부터일 것입니다.

기독교를 믿기 전에는 동성애에 아무런 감정이 없거나 호의적이었는데, 믿고 나서부터 반대하고 혐오하는 경우는 거의 없습니다. 믿기 전부터 적대적인 감정까지는 아니겠지만 정서적으로 낯설고 불편했을 것입니다. 그런데 교회를 다니면서 성경을 보니 오늘 읽은 레위기 구절들이 있는 것입니다. 그리고 이런 구절들을 읽으면서 자연스럽게 '동성애는 죄악이구나.' '동성애는 하나님이 정죄하는 것이구나.'라고 여기는 것입니다. 더 이상 이 구절이 정확히 무엇을 뜻하는지, 어떤 맥락에서 나온 것인지, 어떻게 해석하며 오늘날 어떻게 적용할 수 있는지에 대해서는 주의를 기울이지 않습니다. 원래 싫어했는데 성경에 이렇게 나오니 자연스럽게, 싫어하는 감정에서 머물던 것이 성경에서 명시하는 죄악이라는 정죄, 판단으로 더욱 강화된 것입니다. 정말 그런지 한번 살펴볼까요? 레위기 17:10-14절입니다.

> **10** "이스라엘 집안에 속한 사람이나 또는 그들과 함께 사는 외국
> 사람이, 어떤 피든지 피를 먹으면, 나 주는 그 피를 먹은 사람을
> 그대로 두지 않겠다. 나는 그를 백성에게서 끊어 버리고야 말겠
> 다. **11** 생물의 생명이 바로 그 피 속에 있기 때문이다. 피는 너희
> 자신의 죄를 속하는 제물로 삼아 제단에 바치라고, 너희에게 준
> 것이다. 피가 바로 생명을 지니고 있기 때문에, 죄를 속하는 것이

다. 12 그러므로 나 주가 이스라엘 자손에게 이미 말한 바와 같이,
너희 가운데 어느 누구도 피를 먹어서는 안 된다. 그뿐만 아니라,
너희와 함께 살고 있는 어떤 외국 사람도, 피를 먹어서는 안 된
다. 13 이스라엘 집안에 속한 사람이나 그들과 함께 살고 있는 외
국 사람이 사냥을 하여, 먹어도 좋은 어떤 짐승이나 새를 잡았을
때에는, 그 피를 땅에 쏟고 흙으로 덮어야 한다. 14 피는 곧 모든
생물의 생명이기 때문이다. 그렇기 때문에, 나는 이스라엘 자손
에게 '너희는 어떤 생물의 피도 먹지 말라'고 한 것이다. 피는 곧
그 생물의 생명이니, 누구든지 피를 먹으면, 나의 백성에게서 끊
어진다.

고기를 먹을 때 그 짐승의 피를 먹으면 하나님이 가만두지 않겠다고 합니다. 피를 먹으면 하나님의 백성에서 끊어버리겠다고 합니다. 그런데 이 말씀을 읽고 선짓국이나 육회를 먹는 것을 심각하게 고민을 해본 적이 있나요? 지금 여러분이 이 말씀을 읽을 때 육회나 선짓국 먹는 것을 죄악으로 생각하셨나요? 아닙니다. 이 말씀을 읽으면서 오늘날 육회나 선짓국 먹는 것과 아무 관련을 짓지 않았을 것입니다. '구약시대에는 이렇게 피를 먹으면 안 되었구나.'라는 생각을 했을 것이고 오늘날 육회나 선짓국 먹는 것과는 아무런 관련을 짓지 않았을 것입니다. 물론 이런 이

유에서 선짓국을 먹지 않는 교인들도 일부 있지만 삼겹살, 심지어 멸치조차도 소량의 피가 들어가 있다는 점에서 완벽하게 피를 먹지 않는 것은 채식주의자가 아닌 한 애초에 사실상 불가능한 일입니다.

왜 그럴까요? 그 이유는 육식, 도살과 관련한 동물 윤리 문제를 제외한다면 육회나 선짓국을 먹는 것이 도덕적, 윤리적, 혹은 정서적 문제와 아무 관련이 없다고 느끼기 때문입니다. 그리고 이 말씀을 오늘날 육회나 선짓국 먹는 것과 분리해, 그 시대에는 피를 먹는 것이 무엇을 의미했기에 하나님은 왜 이스라엘 백성들에게 피를 먹지 말라고 했는지에 관해 심층적으로 연구하고 오늘날 육회나 선짓국과 아무 관련이 없는 말씀으로 해석했을 것입니다.

그러나 만약에 오늘 우리 사회가 육회나 선짓국 먹는 것을 혐오하는 분위기라면, 또 여러분들도 그런 음식을 혐오스럽게 생각하고, '어떻게 사람이 그런 것을 먹을 수 있는가?'라는 마음을 가지고 있는 상황에서 이 레위기 말씀을 읽었다면 어떻게 되었을까요? '아 그렇지, 맞아. 육회나 선짓국을 먹는 것은 죄악이야. 이것은 하나님 말씀에 위배되는 일이야. 피를 먹으면 죄악이라고 하잖아.'라고 생각했을 것입니다. 동성애 문제도 바로 그런 것 같습니다. 상당수 기독교인들이 동성애를 혐오하거나 죄악시하는 태도는 기독교를 믿어서 새로 생긴 것이 아니라 원래부터 가지고 있던 태도인데, 기독교를 믿어서 더욱더 강화된 것입니다. 레위기를 비롯해 일부 성경구절로 인해 더욱더 그 마음과 태도가 강화된 것입니다. 그 구절에 대한 심층적인 연구나 공부를 할 필요를 느끼지 못하는 것이지요. '성경에 이렇게 기록되어 있잖아. 무슨 복잡한 해석이 필요해? 이렇게 명확하게 나와 있지 않는가!'라는 태도로 단정짓고 판단해 버립니다.

거듭해서 말씀드리는데 어떤 문제든지 논리가 정서를 이기는 법이 없습니다. 우리나라 사람들, 특히 기독교인들에게 동성애는 논리의 문제이기 이전에 정서의 문제여서 아무리 논리적인 설명을 해도 귀 기울여 듣지 않습니다. 정서를 이기는 논리는 없습니다. 그래서 어려운 것 같습니다. 그럼에도 여러분들은 진지하게 말씀을 살펴보고 있으며 성경이 동성애를 어떻게 이야기하고 있는가를 진지한 태도로 살펴보고 있습니다. 여러분이 어떤 결론을 내리든지 간에 이성적인, 논리적인 사고 과정 끝에 나오는, 그러니까 성경 말씀을 꼼꼼히 읽고 여러 목회자와 신학자의 설교 및 해석을 들어 보고, 이해나 납득이 안 되는 부분은 서로 묻고 대화를 나눈 뒤에 내리는 결론이었으면 좋겠습니다. 저는 그 과정을 돕기 위해서 이러한 일련의 설교를 하고 있는 것입니다.

오늘은 레위기에 나오는 동성애 관련 구절을 살펴보려고 합니다. 레위기 부분은 앞으로 2-3회 정도 나누어서 할 것입니다. 오늘 읽은 본문을 다시 한 번 읽어 보지요.

> 너는 여자와 교합하듯 남자와 교합하면 안 된다. 그것은 망측한 짓이다.(레 18:22)
>
> 남자가 같은 남자와 동침하여, 여자에게 하듯 그 남자에게 하면, 그 두 사람은 망측한 짓을 한 것이므로 반드시 사형에 처해야 한다. 그들은 자기 죄값으로 죽는 것이다.(레 20:13)

레위기가 어떤 책인지 먼저 살펴보려고 합니다. 레위기라는 책 제목을 보고 이 성경은 레위 지파 사람, 제사장, 제사 등에 대한 이야기인가 생각할 수 있습니다. 그런데 이 제목은 후대에 붙인 것이고 원래 히브리 성경에서는 '와이크라'('바이크라'로도 발음합니다)입니다. 대개 히브리 성경은 각 성경의 첫 단어가 그 책의 제목이었습니다.

레위기의 시작은 주님께서 모세를 회막으로 부르셨다라고 시작합니다. 와이크라의 뜻은 '그가 부르셨다'입니다. 즉 하나님이 모세를 불렀다는 것이 레위기의 시작이고 이 책의 제목입니다. '그가 부르셨다'는 책 제목에 레위기의 성격이 드러납니다. 하나님이 이스라엘을 부르셨습니다. 이스라엘은 하나님에게서 나왔고 하나님은 이스라엘에게 하나님의 성별된 백성, 즉 하나님의 부름을 받은 백성으로서 살아갈 것을 요구했습니다. 레위기는 이러한 하나님의 구별된 백성이 이방 나라, 즉 가나안 족속들과 어떻게 다르게 살아야 하는지에 관한 문제를 다루는 책입니다.

이집트에서 탈출한 이스라엘 백성은 하나님이 약속한 가나안 땅으로 들어갑니다. 가나안 땅에서 이스라엘 백성은 하나님이 선택한 백성으로서 하나님의 말씀에 순종하며 하나님의 뜻을 드러내는 공동체, 나라를 만들어야 합니다. 그런데 가나안 땅은 빈 곳이 아니라 이미 가나안 족속들이 문명을 이루며 살던 곳이었습니다. 이스라엘은 가나안 땅을 점령하면서 가나안 사람들을 몰아내는 것뿐 아니라 가나안 족속들의 종교, 풍습, 문화 등도 몰아내야 했습니다.

레위기는 바로 이러한 문제를 다루고 있습니다. 이스라엘 백성은 가나안 땅에서 우상을 섬기며 살던 가나안 족속들의 풍습과 문화를 본받지 말고 하나님 나라 백성의 정체성을 잃지 않으면서 공동체를 유지해야 했습니다. 이것이 레위기가 다루고 있는 것입니다. 즉 하나님의 백성은 세상 사람들과 어떻게 다르게 살아야 하는가, 어떻게 구별된 삶을 살아야 하는가입니다.

레위기의 구조를 잠시 살펴보겠습니다. 레위기 1-5장은 이스라엘의 5대 제사에 관한 법입니다. 번제, 소제, 화목제, 속죄제, 속건제에 대한 이야기입니다. 6-10장은 제사장이 지켜야 할 지침, 그리고 제사장 제도와 그 직급에 대한 이야기가 나옵니다. 11-15장은 정결법으로, 동물, 산모, 피부병, 유출병과 관련해 각각 어떻게 부정해지고 어떻게 정결해지는지 등의 규례를 담고 있습니다. 16-17장은 속죄일과 속죄의 피에 대한 이야기입니다. 그 다음 18-20장은 보통 성결법이라고 하는데 하나님의 선택된 백성으로서 일상생활에서 지켜야 할 법이 나옵니다. 여기에 동성애 관련 구절이 나옵니다. 21-22장은 제사장에 대한 지침이 나옵니다.

레위기는 이스라엘 공동체에서 어떤 기능을 했을까요? 단지 윤리적, 도덕적 권면이었을까요? 아닙니다. 오늘날과 달리 고대 사회는 대체적으로 종교적 사회, 즉 제정일치 사회였습니다. 이스라엘이나 가나안 국가들도 제정일치 사회였습니다. 오늘날은 중동의 일부 국가가 그렇지요. 종교적 사회라는 것은 모든 법과 문화, 풍습의 근거가 종교라는 것입니다. 이런 맥락에서 레위기는 단지 '윤리적 권면'이 아니라 이스라엘 공동체에서 '법'입니다. 레위기에 보면 '사형에 처해야 한다.'는 등 여러 가지 사법적 판단들이 나옵니다. 이런 것을 보면 레위기를 오늘날 형법, 민법 등의 법률집이라고 볼 수도 있습니다. 이 레위기에 근거해서 여러 가지 세부적인 하위 법률들이 만들어졌겠지요. 요컨대 레위기의 기능은 오늘날 법의 기능과 같습니다.

이스라엘은 가나안 땅에서 새롭게 나라를 형성하고 하나님 나라 백성으로서 살아야 합니다. 그렇게 하기 위해서는 여러 가지 제도가 필요합니다. 그중 하나가 사법 체계지요. 그 사법 체계와 관련된 것이 레위기입니다. 즉 레위기는 이스라엘 공동체가 가나안 땅에서 한 나라를 형성하고 그 나라를 유지하기 위해, 하나님의 구별된 백성이라는 공동체를 유지하고 지키기 위한 법률 혹은 지침입니다. 곧 공동체를 유지하기 위한 것입니다.

그렇다면 우리가 생각해 보아야 할 것은 이것입니다. 레위기의 기능이 애당초 이스라엘이라는 종교국가, 이스라엘이라는 국가를 다른 가나안 국가들과 구별하고 이스라엘이라는 국가의 독특한 정체성을 유지하기 위한 것이었는데 이러한 기능이 오늘날에도 그대로 적용되는가입니다.

오늘날 하나님의 나라는, 하나님 나라 백성의 공동체는 이스라엘 백성이 하나님의 나라로 존재하던 형식과는 다르게 존재합니다. 구약에서 이스라엘은 국가(왕, 군대, 법률 등으로 구성되는)라는 형식으로 하나님의 나라를 이루었다면 오늘날 하나님의 나라는 왕이나 군대, 법률, 형벌 등의 물리적 수단 및 제도를 가지고 있지 않습니다.

구약에서 레위기가 하던 상당수의 기능을 오늘날에는 일반 형법이나 민법이 합니다. 레위기에서 제사장이 하던 사법적 역할을 오늘날에는 판사나 검사, 변호사 등이 하고 있습니다. 이들은 종교와는 아무런 관련이 없는 사람들입니다. 그리고 자신들의 종교적 기준을 가지고 판결을 하면 공정한 일이 아니지요. 그러므로 구약에서 레위기가 하던 기능과 오늘날 하나님 나라 공동체에서 레위기가 하는 기능은 상당히 다릅니다. 거듭해서 말하자면 레위기에는 제사만이 아니라 여러 사법적 내용들이 담겨 있습니다. 왜냐하면 레위기는 이스라엘이라는 국가의 법이었기 때문입니다. 그런데 오늘날 우리는 한국이라는 국가에 속해 있고 한국에는 국가를 유지하는 수많은 법률이 있습니다. 이 법률에 따라서 우리는 한국에서 살아갑니다. 이스라엘 백성들이 고대 근동에서 레위기에 따라서 살아갔던 것처럼 말입니다.

그러므로 고대 이스라엘 백성들과 오늘날 이 시대를 사는 우리들에게 레위기는 매우 다른 성격의 것입니다. 서로 기능이 다른 것입니다. 따라서 '레위기에 이렇게 나오니까 우리도 이렇게 해야 한다.'는 식의 해석이나 적용은 상당히 억지스러운 것입니다. 우리도 실제로 레위기에 나오는 구체적인 여러 가지 권면이나 명령 들을 무시합니다. 한번 찾아볼까요? 레위기 11:1-8절입니다.

1 주님께서 모세와 아론에게 말씀하셨다. 2 "너희는 이스라엘 자
손에게 다음과 같이 일러라. 땅에서 사는 모든 짐승 가운데서, 너
희가 먹을 수 있는 동물은 다음과 같다. 3 짐승 가운데서 굽이 갈
라진 쪽발이면서 새김질도 하는 짐승은, 모두 너희가 먹을 수 있
다. 4 새김질을 하거나 굽이 두 쪽으로 갈라졌더라도, 다음과 같
은 것은 너희가 먹지 못한다. 낙타는 새김질은 하지만, 굽이 갈라
지지 않았으므로 너희에게는 부정한 것이다. 5 오소리도 새김질
은 하지만, 굽이 갈라지지 않았으므로 너희에게는 부정한 것이
다. 6 토끼도 새김질은 하지만, 굽이 갈라지지 않았으므로 너희에
게는 부정한 것이다. 7 돼지는 굽이 두 쪽으로 갈라진 쪽발이기는
하지만, 새김질을 하지 않으므로 너희에게는 부정한 것이다. 8 너
희는 이런 짐승의 고기는 먹지 말고, 그것들의 주검도 만지지 말
아라. 이것들은 너희에게는 부정한 것이다.

먹을 수 있는 짐승과 먹지 못하는 짐승이 있습니다. 낙타나 오소리, 토끼, 돼지는 부정하기에 먹지 말아야 합니다. 그런데 오늘날 돼지고기를 먹지 않나요? 다들 맛있게 먹습니다. 물론 요즘도 유대교와 이슬람, 그리고 일부 기독교 교파는 돼지고기를 먹지 않지만 대부분의 복음주의 교파는 돼지고기를 먹는 것을 전혀 막지 않습니다. 그런데 고대 이스라엘 사회에서는 돼지고기

를 먹는 것이 단순히 부정한 행동 이상으로 공동체를 무너뜨리는 행위였기에 사법적 처벌까지 가했다는 것입니다. 하지만 여러분 중 누가 이 구절들을 근거로 해서 돼지고기를 먹지 않나요? 건강상 이유 혹은 어떤 신념 때문에 먹지 않을 수는 있지만 레위기에 근거해서 먹지 않는 사람은 없을 것입니다.

지금까지 한 이야기를 정리해 보도록 하지요. 구약시대 이스라엘 백성과 오늘날 우리에게 하는 레위기의 기능이 다릅니다. 구약시대 이스라엘에게 레위기에 나오는 하나하나의 명령은 그대로 실천해야 하는 법과 같은 것이었습니다. 그것으로 하나님 나라 백성의 공동체는 유지됩니다. 그러나 오늘날 레위기가 하는 기능은 구약시대 이스라엘에서 하던 기능과 매우 다릅니다. 같지가 않다는 것입니다. 그러기에 구약시대의 이스라엘 사람들이 하던 방식대로, 적용했던 방식대로, 해석했던 방식대로 오늘날도 그렇게 하는 것은 성경에 대한 오해라는 것입니다. 여기에는 당연히 동성 간 삽입성교에 관한 레위기의 명령도 포함되는 것입니다. 그리고 실제적으로 오늘날 우리 가운데 레위기를 문자적으로, 레위기의 권면을 그대로 지키는 사람은 아무도 없다는 것입니다. 좀 전의 돼지고기 예에서 살펴보았듯이 레위기에 나오는 규례를 문자적으로 지키는 사람은 없습니다.

그러면 이런 문제가 발생합니다. 레위기의 어떤 명령은 지켜야 하고, 어떤 명령은 지키지 않아도 되는가입니다. 이 판단 기준이 무엇일까요? 여기서 혼돈이 생깁니다. 대부분 자기가 살고 있는 시대의 문화, 풍습, 가치관, 혹은 자신의 정서적 선호도 등에 따라서 판단합니다. 제가 보기에 그러한 판단에는 객관적인 기준이 없습니다.

레위기에 근거해서 동성애를 정죄하는 사람들의 논리를 보면 레위기에 수많은 명령들이 있는데 왜 어떤 명령은 문자적으로 지키고, 왜 어떤 명령은 무시하는지에 대한 기준이 없습니다. 오늘날의 시대에서 레위기에서 지키지 않아도 되는 명령, 반드시 지켜야만 하는 명령에 대한 기준이 없습니다. 자기 편한 대로 합니다. 저는 이것이 오히려 성경을 무시하는 것이라고 생각합니다. 레위기에 근거해서 동성애를 정죄한다면 돼지고기를 먹는 것도 정죄해야 합니다. 앞서 말했듯이 실제로 그렇게 하는 교파도 있습니다. 오히려 이런 교파가 그런 면에서는 정직하고 일관성이 있는 것이지요.

그렇다면 그 기준이 무엇일까요? 우리는 레위기의 여러 명령을 어떻게 해석하고 적용할 수 있을까요? 또 소위 뷔페식 신자처럼 마음대로 이것은 버리고 저것은 취하는 게 아니라 모두 버리면서 동시에 모두 취하는, 그러니까 그 말씀을 오늘날에 맞게 온전히 받아들이는 방법은 무엇일까요? 다음 설교에서 이 질문에 대한 이야기를 하도록 하겠습니다.

레위기 18:22, 20:13절

망측한 짓 2

> 너는 여자와 교합하듯 남자와 교합하면 안 된다. 그것은 망측한 짓이다.(18:22절)
>
> 남자가 같은 남자와 동침하여, 여자에게 하듯 그 남자에게 하면, 그 두 사람은 망측한 짓을 한 것이므로 반드시 사형에 처해야 한다. 그들은 자기 죄값으로 죽는 것이다.(20:13절)

성경을 읽을 때 누구나 성경을 해석하면서 읽습니다. 전문적으로 성경을 공부한 사람만 성경을 해석하는 것이 아니라 성경을 읽는 사람이라면 누구든지 성경을 해석합니다. 성경을 읽을 때 '이것이 무슨 뜻이지?'라고 생각하면서 읽는 것 자체가 성경을 해석하는 것입니다.

성경 해석은 예수님도 하셨고 베드로나 바울도 성경을 해석했습니다. 그런데 문제는 성경 해석이 서로 일치하지 않는다는 것이지요. 예수님이 구약을 해석해 가르친 것과 바리새파 사람들이 구약을 해석해 가르친 것이 서로 다릅니다. 그래서 예수님과 바리새파 사람들, 바울과 유대율법주의자들은 당시의 성경인 구약을 두고 서로 치열한 논쟁을 벌였습니다. 이런 맥락에서 동성애에 관한 성경의 몇몇 구절을 이해하는 데 첨예하게 의견이 갈리는 이유는 성경 자체 때문이 아니라 성경에 대한 해석 차이 때문입니다. 동성애에 관한 성경의 특정 구절들을 해석할 때, 어떤 방법, 방향으로 해석하는가에 따라 이해와 의견이 갈리는 것이지요.

거칠게 나누자면 성경을 해석하는 방법에는 두 가지가 있습니다. 첫째는 '문자적 해석'입니다. 둘째는 '역사적, 문법적 해석'입니다. 문자적 해석은 문자 그대로 읽고 해석하고 문자 그대로 받아들여야 한다는 것입니다. 성경은 하나님의 말씀이기에 가급적 어떤 해석도 하지 않고 문자 그대로 받아들여야 한다는 것입니다. 어떤 해석을 가한다는 것은 인간의 생각을 집어넣는 것이기에 하나님의 말씀을 왜곡할 수 있다고 합니다. 그래서 하나님의 말씀을 왜곡하지 않기 위해 가급적 문자 그대로 성경을 읽고,

문자 그대로 이해하고, 문자 그대로 적용해야 한다고 합니다. 이러한 해석 방식을 취하는 사람을 문자 근본주의자라고 합니다.

이러한 문자적 해석의 장점은 단순명쾌하다는 것입니다. 고민할 것도 없습니다. 문자 그대로 받아들이고 문자 그대로 실천하면 됩니다. 복잡하지 않아서 좋습니다. 단점은 그렇게 이해하고 적용하는 것이 사실 불가능하다는 것입니다. 그 어떤 근본주의자도 성경을 문자 그대로 실천하지 않습니다. 예수님이 마태복음 5장에서 "또 네 오른손이 너로 하여금 죄를 짓게 하거든, 찍어서 내버려라."고 하셨지만 그 말씀을 문자 그대로 실천하는 근본주의자는 없습니다. 어떤 부분은 문자 그대로 따르지만, 또 어떤 부분은 문자 그대로 따르지 않고 나름대로 해석해서 적용합니다. 취사선택을 한다는 것입니다. 또 취사선택의 기준이 명확하지도 않습니다.

둘째는 역사적, 문법적 해석입니다. 이 해석은 이런 것을 전제로 합니다. 오늘날 우리가 사는 시대와 성경이 기록된 시대 사이에는 수천 년의 간격이 있습니다. 시간의 간격만 있는 것이 아니라 사고방식과 가치관, 문화와 풍습 등에서도 상당한 간격이 있습니다. 그리고 하나님은 역사를 초월해 말씀하신 것이 아니라 우선적으로는 그 시대의 한계 내에서, 그 시대에 당면한 특정 문제에 대해서, 그 시대의 사람들을 향해 말씀하십니다. 물론 하나님이 그 시대 사람들에게만 말씀했다는 게 아닙니다. 하나님은 모든 시대의 사람들에게, 모든 지역의 인류에게 말씀하셨는데, 그 말씀의 '형식'은 특정 시대에 갇혀 말씀하셨다는 것이지요. 그래서 그 말씀의 형식과 의미를 구별해야 합니다. 의미는 보편적일 수 있지만 형식은 시대의 한계에 갇혀 있는 것입니다.

또한 무엇보다 해석이 필요한 근본적인 이유는 하나님이 백성들에게 생각 없이 그저 외기만 하면 되는 '주문'을 써 주신 게 아니라 '말씀'을 하셨기 때문입니다. 말이라는 것은 기본적으로 해석이 필요한 것입니다. 부모가 속 썩이는 자녀에게 '너, 다시는 집에 들어오지 마!'라고 야단을 쳤습니다. 그런데 이 말을 문자적으로 받아들이면 자녀는 다시는 집에 들어오지 말아야 합니다. 그러나 그런 뜻인가요? '부모 속 썩이지 말고 제발 말 좀 들어라!'는 뜻이지요. '다시는 집에 들어오지 마!'라는 말을 문자 그대로 받아들인 자녀와 '부모 말을 잘 들어야 한다.'는 뜻으로 해석한 자녀 중에서 누가 더 부모의 말을 제대로 이해한 것인가요? 후자입니다.

이런 맥락에서 성경을 문자 그대로 받아들이고, 문자 그대로 이해하고, 문자 그대로 실천하는 것은 오히려 성경을 왜곡하는 행위일 공산이 큽니다. 이런 것을 한번 생각해 보지요. 성경은 노예제를 지지할까요? 반대할까요? 어떻게 생각하시나요? 에베소서 6:5-9절입니다.

> 5 종으로 있는 이 여러분, 두려움과 떨림과 성실한 마음으로 육신
> 의 주인에게 순종하십시오. 그리스도께 하듯이 해야 합니다. 6 사
> 람을 기쁘게 하는 자들처럼 눈가림으로 하지 말고, 그리스도의
> 종답게 진심으로 하나님의 뜻을 실천하십시오. 7 사람에게가 아
> 니라 주님께 하듯이, 기쁜 마음으로 섬기십시오. 8 선한 일을 하
> 는 사람은, 종이든지 자유인이든지, 각각 그 갚음을 주님께로부
> 터 받게 됨을 여러분은 아십시오. 9 주인 된 이 여러분, 종들에게
> 이와 같이 대하고, 위협을 그만두십시오. 그들의 주님이시요 여
> 러분의 주님이신 분께서 하늘에 계신다는 것과, 주님께서는 사람
> 을 차별하여 대하지 않으신다는 것을, 여러분은 아십시오.

에베소서 6:5-9절은 노예제에 대해 어떻게 이야기하나요? 노예제에 어떤 가치 평가를 하고 있나요? 에베소서 6:5-9절은 노예제를 반대하지 않습니다. 노예제 자체를 문제시하지 않습니다. 단지 주인과 노예의 관계가 어떤 관계여야 하는가에 대해 이야기합니다. 그런데 이 구절을 오늘날 읽고 해석하고 적용할 때 '노예제를 유지해야 한다. 폭력적이고 강압적인 방식의 노예제는 나쁘지만 친절한 방식의 노예제는 유지돼야 한다.'라고 말하

고 적용한다면 어떻게 될까요? 우리는 그런 사람들을 향해 어떻게 이야기할 수 있을까요? '성경이 사람을 망치는구나.'라고 하지 않을까요? 잘못된 해석과 적용이라고 하겠지요. 그렇게 문자적으로 해석하고 적용하는 것은 성경을 왜곡하는 것이라고 할 것입니다.

성경은 해석이 필요한 책입니다. 그리고 그 해석은 문자적 해석 방식이 아니라 당대의 역사적, 문화적, 사회적, 지리적, 정치 · 경제적 배경을 고려하고 또 문학적, 문법적 연구 등도 적용하는 방식으로 해야 합니다. 동성애 관련 구절에 대한 해석도 마찬가지입니다. 어느 특정 구절을 근거로 해서 '성경은 동성애를 금지한다.'라고 단정하는 것은 어느 특정 구절을 근거로 해서 '성경은 노예제를 지지한다.'라고 단정하는 것과 차이가 없습니다. 이런 맥락에서 우리는 레위기의 동성애 관련 구절을 해석해야 합니다. 동성애 관련 구절을 해석하는 방식과 다른 구절을 해석하는 방식에는 차이가 없어야 합니다. 자신의 좋고 싫음에 따라서 어떤 것은 문자적으로, 어떤 것은 역사적, 문법적으로 해석하는 것은 일관성이 없는 것입니다.

그렇다면 레위기에 나오는 동성애 관련 구절을 어떻게 해석하고 적용할 수 있을까요? 우선 이런 이야기부터 하고 싶습니다. 이 레위기 구절을 근거로 해서 동성애와 동성애자를 정죄하는 사람들의 성경 해석을 보면 사실 문자적으로도 정확하지 않습니다. 이 구절을 문자적으로 해석해도 동성애 자체에 대한 정죄로 해석할 수 없습니다. 동성애 자체에 대한 정죄가 아니라 특정한 성행위에 대한 정죄입니다. 한번 문자적으로 해석하는 것을 보시지요. 제가 문자적으로 해석을 해보겠습니다. 레위기 18:22, 20:13절을 다시 한 번 읽어 보기 바랍니다.

> 너는 여자와 교합하듯 남자와 교합하면 안 된다. 그것은 망측한 짓이다.(18:22절)
> 남자가 같은 남자와 동침하여, 여자에게 하듯 그 남자에게 하면, 그 두 사람은 망측한 짓을 한 것이므로 반드시 사형에 처해야 한다. 그들은 자기 죄값으로 죽는 것이다.(20:13절)

18:22절은 '여자와 교합하듯 남자와 교합하면 안 된다.'라고 합니다. 20:13절은 '남자가 같은 남자와 동침하여, 여자에게 하듯 그 남자에게 하면, 그 두 사람은 망측한 짓을 한 것'이라고 합니다. 반복되는 말이 '여자와 교합하듯' 혹은 '여자에게 하듯'입니다. 즉 남자와 남자가 성관계를 하는데, 여자에게 하듯이 하면

망측하다는 것입니다. 그렇다면 여기서 '여자와 교합하듯' 혹은 '여자에게 하듯'이라고 한 것은 구체적으로 무엇을 의미하는 것일까요?

'삽입성교'를 의미합니다. '여자와 교합하듯'이라는 것은 구체적으로 삽입성교를 의미합니다. '여자와 교합하듯 남자와 교합하면 안 된다.'라는 것은 여자와 삽입성교를 하듯이 남자와 삽입성교를 하면 안 된다는 뜻입니다. 그런데 남자는 질이 없으므로 여기서 삽입성교는 질삽입성교가 아니라 항문삽입성교를 뜻합니다.

즉 레위기에서 '망측한 짓'이라고 정죄를 하는 것은 '동성애' 자체가 아니라 '남자끼리 하는 항문성교'입니다. 동성애를 문제 삼는 것이 아니라 남자들 간의 삽입성교를 문제 삼는 것입니다. 그 근거는 이렇습니다. 만약에 동성애 자체를 문제시한다면 여자 간의 동성애도 문제 삼았을 것입니다. 그런데 여자들끼리의 성관계는 전혀 언급이 없습니다. 왜 그럴까요? 여자끼리는 삽입성교를 할 수 없기 때문입니다.

이 구절이 삽입성교라는 특정한 형태의 성행위를 문제시한다는 증거는 18:23절입니다. 22절에서는 여자 간 성관계는 전혀 언급하지 않지만 여기서는 여자의 특정한 성관계를 문제 삼습니다. 23절을 한번 읽어 보기 바랍니다.

> 너는 어떤 종류의 짐승과도 교접하면 안 된다. 그렇게 하는 것은 네 자신을 더럽게 하는 일이다. 여자들도 또한 어떤 짐승하고든 교접하면 안 된다. 그렇게 하는 것은 성을 문란하게 하는 행위이다.

남자와 여자들에게 각각 짐승과 교접하면 안 된다고 합니다. 여기서 여자가 언급된 이유는 짐승과는 삽입성교가 가능하기 때문입니다. 남자 간의 성관계는 삽입성교이기에 문제시하고 여자 간의 성관계는 삽입성교가 아니기에 언급하지 않고, 또 남녀 상관없이 짐승과의 성관계는 삽입성교이기에 문제 삼습니다. 즉 레위기에서 문제를 삼는 성행위는 질이든지 항문이든지 간에 삽입성교입니다.

그렇다면 모든 동성애자가 삽입성교를 하는가라는 질문이 제기됩니다. 모든 동성애자가 레위기에서 정죄하는 항문삽입성교를 할까요? 그렇지 않습니다. 동성애자들의 성행태에 관한 조사나 동성애자들의 이야기를 들어 보면 항문성교를 하지 않는 동성애자도 상당수 있습니다. 구강성교나 애무 등의 성행위로 만족하는 동성애자도 상당수 있습니다. 이런 동성애자들에게는 이 레위기에서 정죄하는 행위가 해당되지 않습니다. 또한 여성 간 동성애도 이 레위기 구절과는 아무런 관련이 없습니다.

그러므로 이 레위기 구절을 문자적으로 엄밀하게 해석하고 실천하고자 한다면 단지 남성 간의 삽입성교만을 정죄해야 합니다. 그러나 문자적으로 성경을 해석하는 사람들도 이렇게 엄밀하게 해석하지 않습니다. 뭉뚱그려서 동성애와 동성애자들을 정죄합니다. 여성 동성애자도 포함해서 말입니다. 일관성이 없는 것이지요.

그 이유가 무엇일까요? 아마도 그 이유는 '그냥 싫어서'가 아닐까 싶습니다. 혐오의 감정이 있기 때문입니다. 최근 인터넷 언론 프레시안에 『신경 윤리학이란 무엇인가』(닐 레비, 바다출판사)라는 책에 대한 서평이 실렸는데 이런 대목이 있습니다.

> 신경 윤리학은 우리들 속에 우리를 그렇게 인지 부조화와 자기기만에 빠지기 쉽게 만드는 진화적 계기와 신경학적 메커니즘이 있음을 알려준다. 우리는 옳고 그름(善惡)의 기준에 따라 행동하기보다는 좋고 싫음(好惡)에 훨씬 더 민감하게 반응한다는 것이다. 일단 좋고 싫음의 감정이 발생하면 그 느낌에 따라 옳고 그름의 판단을 덧붙이는 식이다.
>
> 정치적 좌파는 대개 선악의 기준에 호소하고 우파는 호오의 감정을 자극한다. 이번 선거에서 횡행한 네거티브가 위력을 발휘했던 것은 이미 자기편인 사람들을 확실히 묶어두는 데 성공했기 때문

이다. 선거 막판에 뜬금없이 색깔론을 들고 나오는 우파의 비열한 행태를 절대로 옹호하거나 용서할 수는 없지만 그들의 전략이 유효할 수 있는 근거는 분명히 있다. 그것은 냉전 시대에 형성된 안보 지상주의의 인지 구조를 자극하여 옳고 그름의 판단을 좋고 싫음의 구도에 묶어버린다.[2]

제가 보기에 보수주의자나 복음주의자들이 올바른 성경 해석이라는 '옳고 그름'의 잣대로 동성애를 판단하는 것 같지만 사실은 '좋고 싫음'의 감정으로 판단하고 그 느낌에 따라 올바른 성경 해석이라는 옳고 그름의 판단을 덧붙이는 것 같습니다.

이제 우리는 레위기의 이 구절들을 어떻게 해석해야 하는가를 본격적으로 이야기해야 합니다. 동성애 관련 구절이 담겨 있는 레위기 본문은 소위 성결법 혹은 정결법이라고 부릅니다. 이 정결법을 포함한 레위기나 신명기 율법 등은 이집트의 노예 생활에서 해방된 이스라엘 백성들이 가나안 땅에 정착하면서 당시 가나안 민족들의 문화나 풍습, 종교 등에 물들지 않고 하나님 나라 백성으로서 살아가기 위한 율법입니다. 즉 당시 가나안 민족

---

2 강신익 '善? 惡? '인간 본성' 따위는 없다! - 닐 레비의 『신경 윤리학이란 무엇인가』', 〈프레시안〉 2011년 10월 28일 http://www.pressian.com/news/article/?no=66973#09T0

들과 구별된 하나님 나라 백성의 공동체를 이루고 유지하기 위한 것입니다. 특히 정결법은 이스라엘 백성과 이방 백성을 구별해 주는 독특한 표지 역할을 했습니다. 이스라엘 백성들은 가나안 민족들의 역겨운 풍습을 본받지 말아야 합니다. 가나안 땅에 살면서 가나안 민족들과는 구별되는 삶을 살아야 했습니다. 그러한 삶을 위해서 성결법을 포함한 레위기 율법이나 십계명을 포함한 신명기 율법 등이 주어진 것입니다.

그래서 이스라엘은 대대로 이 정결법을 통해서 이방 민족들과 구별된 삶을 살았고, 이 정결법을 지키느냐 지키지 않느냐로 이스라엘의 정체성을 유지했던 것입니다. 그런데 이러한 정결법이 점차 그 내용은 잃어버리고 형식만 강조되는 것으로 변질되었습니다. 그리하여 이스라엘 백성들은 하나님 나라 백성 고유의 특성을 유지하여 온 세상 사람들을 하나님 나라로 초대하는 게 아니라 그런 정결법을 자신들과 이방인들을 구별하는 데 사용하여 종교적 우월의식을 갖고 하나님 나라 공동체도 폐쇄적으로 만들어 버렸습니다.

이러한 종교적 우월의식, 폐쇄성이 극도에 달했던 시대가 바로 예수님이 사역하던 시대입니다. 그리고 예수님의 사역 중에서 상당 부분은 유대인들의 정결법에 대한 도전과 투쟁이었습니다. 예수님은 과감하게 당신이 율법의 완성임을 선언하면서 이스라엘의 정결법을 폐지합니다. 마태복음 15:10-20절입니다.

10 예수께서 무리를 가까이 부르시고서 그들에게 말씀하셨다. "너
희는 내 말을 듣고 깨달아라. 11 입으로 들어가는 것이 사람을 더
럽히는 것이 아니라, 입에서 나오는 것, 그것이 사람을 더럽힌다."
12 그 때에 제자들이 다가와서 예수께 말하였다. "바리새파 사람
들이 이 말씀을 듣고 분개하고 있다는 것을 아십니까?" 13 예수께
서 대답하셨다. "나의 하늘 아버지께서는 자기가 심지 않으신 식
물은 모두 뽑아 버리실 것이다. 14 그들을 내버려 두어라. 그들은
눈 먼 사람이면서 눈 먼 사람을 인도하는 길잡이들이다. 눈 먼 사
람이 눈 먼 사람을 인도하면, 둘 다 구덩이에 빠질 것이다." 15 베
드로가 예수께 "그 비유를 우리에게 설명해 주십시오" 하고 청하
니, 16 예수께서 말씀하셨다. "너희도 아직 깨닫지 못하느냐? 17 입
으로 들어가는 것은 무엇이든지, 뱃속으로 들어가서 뒤로 나가는
줄 모르느냐? 18 그러나 입에서 나오는 것들은 마음에서 나오는
데, 그것들이 사람을 더럽힌다. 19 마음에서 악한 생각들이 나온
다. 곧 살인과 간음과 음행과 도둑질과 거짓 증언과 비방이다. 20
이런 것들이 사람을 더럽힌다. 그러나 손을 씻지 않고서 먹는 것
은, 사람을 더럽히지 않는다."

유대인의 정결법에는 음식과 관련된 규례가 상당히 많았습니다. 먹을 수 있는 짐승과 먹을 수 없는 짐승이 있었고, 먹을 수 있는 짐승도 여러 가지 복잡한 절차를 거쳐서 먹어야 했습니다. 그것으로 유대인들은 거룩함이 유지된다고 여겼습니다. 이것이 정결법입니다. 그런데 예수님은 과감하게 이러한 정결법을 폐지합니다. 사람의 입으로 들어가는 것이 사람을 더럽히는 것이 아니라 사람의 마음에서 나오는 악한 생각들이 사람을 더럽힌다고 합니다.

그래서 예수님은 정결법에 따르면 부정한 문둥병자를 만지기도 하고, 혈루증을 앓는 여인이 예수님을 만져도 부정해지지 않았던 것입니다. 그런데 문제는, 베드로가 예수님에게 이 비유에 대해 설명해 달라고 했고, 예수님이 자세히 설명을 해주었는데도 불구하고 베드로가 이해를 하지 못했다는 것입니다. 예수님이 부활하시고 승천하고 나서 오순절에 임한 성령세례를 받았음에도 불구하고 예수님의 이러한 말씀을 이해하지 못합니다. 사도행전 10:9-16절입니다.

> **9** 이튿날 저들이 길을 가다가, 욥바에 가까이 이르렀을 때에, 베드로는 기도하려고 지붕으로 올라갔다. 때는 오정쯤이었다. **10** 그는 배가 고파서, 무엇을 좀 먹었으면 하는 생각이 들었다. 사람들

이 음식을 장만하는 동안에, 베드로는 황홀경에 빠져 들어갔다.
11 그는, 하늘이 열리고, 큰 보자기 같은 그릇이 네 귀퉁이가 끈
에 매달려서 땅으로 드리워져 내려오는 것을 보았다. **12** 그 안에
는 온갖 네 발 짐승들과 땅에 기어다니는 것들과 공중의 새들이
골고루 들어 있었다. **13** 그 때에 "베드로야, 일어나서 잡아먹어라"
하는 음성이 들려왔다. **14** 베드로가 대답하였다. "주님, 절대로 그
럴 수 없습니다. 나는 속되고 부정한 것은 한 번도 먹은 일이 없
습니다." **15** 그랬더니 두 번째로 음성이 다시 들려왔다. "하나님께
서 깨끗하게 하신 것을 속되다고 하지 말아라." **16** 이런 일이 세
번 있은 뒤에, 그 그릇은 갑자기 하늘로 들려서 올라갔다.

베드로가 황홀경에 빠져서 환상을 봅니다. 레위기의 정결법에 따르면 부정한 온갖 짐승들이 골고루 들어 있는 그릇이 하늘에서 내려오고 그것을 먹으라는 음성도 들려옵니다. 그러자 베드로는 속되고 부정한 것은 한 번도 먹은 일이 없다고 하면서 절대로 먹지 않겠다고 합니다. 그러자 하늘에서 "하나님께서 깨끗하게 하신 것을 속되다고 하지 말아라."라고 합니다. 이 말은 레위기의 정결법을 하나님이 폐지하셨음을 뜻합니다.

그런데 베드로는 이 환상을 이해하지 못하다가 나중에 깨달습니다. 사도행전 10장 후반부에 보면 베드로가 이방인 고넬료

의 집에서 설교를 하고 이방 사람들에게 성령이 내리는 것을 목도합니다. 그래서 베드로는 자신이 본 환상과 고넬료의 집에서 이방인들에게 성령이 내린 것을 연결해서 해석합니다. 그리고 예루살렘 교회에 올라가서 자신이 본 환상과 이방인들에게 성령이 내린 것을 보고합니다. 베드로의 보고를 들은 예루살렘 교회는 이렇게 고백합니다. 사도행전 11:15-18절입니다.

> **15** 내가 말을 하기 시작하니, 성령이 처음에 우리에게 내리시던
> 것과 같이, 그들에게도 내리셨습니다. **16** 그 때에 나는 '요한은 물
> 로 세례를 주었지만, 너희는 성령으로 세례를 받을 것이다' 하신
> 주님의 말씀이 생각났습니다. **17** 그러므로 하나님께서는, 우리가
> 주 예수 그리스도를 믿을 때에 우리에게 주신 것과 같은 선물을
> 그들에게 주셨는데, 내가 누구이기에 감히 하나님을 거역할 수
> 있겠습니까?" **18** 이 말을 듣고 그들은 잠잠하였다. 그들은 하나님
> 께 영광을 돌리고 "이제 하나님께서는, 이방 사람들에게도 회개
> 하여 생명에 이르는 길을 열어 주셨다" 하고 말하였다.

즉 베드로가 체험한 환상은 이방 사람들에게도 회개하여 생명에 이르는 길을 열어주신 하나님의 방법입니다. 하나님은 레위기의 정결법을 강화하거나 혹은 그것을 문자적으로 지키게 하

는 것으로 이방 사람들에게 구원을 준 것이 아니라 정결법을 폐지함으로 구원을 주십니다. 초대교회는 이 사건을 통해서 하나님의 구원을 확인합니다.

그런데 이 문제는 유대인들의 입장에서는 도저히 받아들일 수 없는 매우 심각한 것이었기에 초대교회를 상당히 오랫동안 괴롭혔습니다. 바울의 사역에 대한 공격이 이 정결법과 관련된 것입니다. 바울은 정결법이 폐지되었다고 여겼으며, 이것은 유대인들의 풍습으로서 존중할 수는 있지만 하나님의 구원과는 아무런 관련이 없으며 이방인들이 하나님과 주 예수 그리스도를 통한 구원을 얻는 데 아무런 역할도 하지 않는다고 했습니다. 그러나 초대교회의 일부는 이것을 이해하지 못했고 결국 예루살렘 회의에서 격렬한 토론이 벌어집니다. 토론 후에 베드로는 야고보의 중재로 정결법과 관련해 이방인 신자들에게 이렇게 권면합니다. 사도행전 15:28-29절입니다.

> **28** 성령과 우리는 꼭 필요한 다음 몇 가지 밖에는 더 이상 아무
> 무거운 짐도 여러분에게 지우지 않기로 하였습니다. **29** 여러분은
> 우상에게 바친 제물과 피와 목매어 죽인 것과 음행을 멀리하여야
> 합니다. 여러분이 이런 것을 삼가면, 여러분은 잘 행한다고 하겠
> 습니다. 안녕히 계십시오."

이방인 그리스도인들은 정결법을 지킬 필요는 없으나 대신에 우상에게 바친 제물과 피와 목매어 죽인 것과 음행을 멀리해야 한다고 합니다. 그러나 이조차도 구원의 조건은 아닙니다. 유대 그리스도인들과의 관계를 위해서, 그리고 덕을 위해서 이 정도는 지켜달라는 권면입니다. 나중에 사도바울은 우상에게 바친 제물도 먹을 수 있다고 함으로써 이 권면을 무시하기도 했습니다.

그러므로 이 레위기법은 오늘날 우리가 문자 그대로 지켜야 하는 법은 아닙니다. 정결법은 폐지되었으며, 더는 이러한 율법이 우리를 구속하거나 정죄할 수 없습니다. 우리는 레위기의 정결법과 아무런 관련이 없습니다. 그리고 동성애와 관련된 레위기 구절들도 마찬가지입니다.

여기까지 이야기를 들으면 여러 가지 의문이 들 것입니다. 적어도 두 가지 의문이 들 것입니다. 첫째, 레위기에 나오는 동성애 관련 구절을 포함해 레위기 정결법이 폐지되었다면, 동성애 관련 구절의 앞에 나오는 여러 가지 성적인 계명들도 폐지되었다는 것이고, 그렇다면 '아버지의 여자와 관계를 해도 되고, 며느리와 관계를 해도 되고, 아들의 아내와 관계를 해도 되고, 심지어 짐승들과 관계를 해도 된단 말인가?'라는 의문이 들 수 있습니다.

둘째, 나아가 다음과 같은 의문이 이어질 것입니다. 레위기의 율법이 폐지되었다면 레위기는 더 이상 성경, 하나님의 말씀이 아니란 말인가? 그러면 우리가 레위기를 읽고 묵상하는 게 무슨 의미인가?라는 의문도 들 수 있습니다. 이런 의문들에 대해서 다음 설교에서 다루도록 하겠습니다.

레위기 18:22, 20:13절

망측한 짓 3

> 너는 여자와 교합하듯 남자와 교합하면 안 된다. 그것은 망측한 짓이다.(18:22절)
>
> 남자가 같은 남자와 동침하여, 여자에게 하듯 그 남자에게 하면, 그 두 사람은 망측한 짓을 한 것이므로 반드시 사형에 처해야 한다. 그들은 자기 죄값으로 죽는 것이다.(20:13절)

지난번에 우리는 레위기의 정결법이 오늘날 문자 그대로는 전혀 유효하지 않음을 확인했습니다. 정결법이 폐지되었음을 예수님의 말씀과 초대교회의 논의를 통해서 확인했습니다. 그러면서 두 가지 의문이 들 것이라는 이야기로 설교를 마무리했습니다. 첫째, 정결법이 폐지되었다면 '그 앞에 나오는 여러 가지 문란한 성적 행위도 허용되는가?', 둘째, '레위기는 더는 하나님 말씀이 아닌가?'라는 의문이었지요.

오늘은 이런 의문에 답변을 하도록 하겠습니다. 우선은 남성 간 항문성교와 수간 등이 금기시된 이유에 대해 간단하게 이야기를 하고 본론으로 들어가겠습니다. 레위기 18장과 20장은 성적인 금기에 관한 규례들입니다. 내용은 주로 근친상간에 대한 금지입니다. 18:6절에 보면 "너희 가운데 어느 누구도 가까운 살붙이에게 접근하여 그 몸을 범하면 안 된다. 나는 주다."로 시작하면서 18절까지 근친상간에 대한 금기를 이야기합니다. 19절은 생리 중인 여성과 성관계를 하면 안 된다는 것, 20절은 간통 금지, 21절은 자녀를 몰렉[3]에게 희생 제물로 바치는 것에 대한 금지, 22절은 남성 간 항문성교 금지, 23절은 수간 금지입니다.

레위기 18:3절에는 "너희는 너희가 살던 이집트 땅의 풍속도 따르지 말고, 이제 내가 이끌고 갈 땅, 가나안의 풍속도 따르지 말아라."라는 명령에 이어 곧바로 근친상간을 금하는 규례가 나옵니다. 하나님이 따르지 말라고 한 이집트와 가나안의 풍속이 무엇인지 직접 표현하지는 않지만 금기 명령을 보면 어떤 풍속

---

3 황소의 머리와 인간의 몸을 하고 있는 신으로 암몬 사람들의 민족신이다. 암몬 사람들은 몰렉에게 제사를 드릴 때 어린 자녀를 불태워서 제물로 바치기도 했다.

이었는지 알 수 있습니다. 아마도 이집트와 가나안은 근친상간을 흔하게 했던 것 같습니다. 이집트의 파라오들을 보면 남매와 결혼하는 일이 드문 일이 아니었지요. 그러나 하나님은 이러한 일을 가증된 것으로 여겼고, 이스라엘 백성들이 이집트나 가나안의 풍속을 본받을까 염려되어 근친상간을 엄격하게 금지한 것입니다.

남성 간 항문성교나 수간에 대한 금지는 몇 가지 이유가 있었는데, 첫째는 생산의 불가능입니다. 고대 세계에서 성관계는 생산과 직접적인 관련이 있어야 했습니다. 생산과 관련이 없는 성관계는 매우 나쁜 것이었습니다. 그래서 질외사정은 정죄를 받았고, 만약에 형이 자녀가 없이 죽으면 동생이 형수와 관계를 해서 반드시 자녀를 봐야 했습니다. 레위기 18:16절에 보면 '너는 네 형제의 아내 곧 형수나 제수의 몸을 범하면 안 된다. 그 여자는 네 형제의 몸이기 때문이다.'라고 해서 형이나 동생의 부인과 성관계를 하는 것을 정죄했지만, 형제가 죽는 경우에는 성관계를 해야 했습니다. 그런 이유는 자녀 생산 때문입니다. 그리고 그렇게 해서 태어난 자녀는 죽은 형의 자녀가 되어 그 대를 잇게 됩니다.

구약에서 불임은 하나님의 저주로 여겼고, 심지어 근친상간조차도 자녀를 보기 위한 것이라면 그렇게 비판받지 않았습니다. 대표적인 예가 롯과 두 딸의 관계입니다. 소돔과 고모라에서 탈출한 롯과 두 딸은 어느 지역에 들어가 피신을 합니다. 그때 롯의 두 딸이 세상에 남자들이 없는 줄 알고 자신들이 생산을 못한다고 여깁니다. 그래서 아버지 롯을 술 취하게 한 다음에 아버지와 관계를 맺고 각각 아들을 낳습니다. 그것에 대해 성경은 그 어떤 정죄도 하지 않습니다. 그만큼 생산은 매우 중요한 가치였습니다. 그런데 남성 간의 항문성교나 수간 등은 생산과는 전혀 관련이 없는 것이어서 이렇게 정죄를 받은 것입니다.

또 하나의 이유는 이렇습니다. 당시 이스라엘의 세계관은 '창조'의 질서를 이 세상에서 그대로 구현하는 것이었습니다. 이스라엘 사람들이 이해한 창조는 '분리'입니다. 바다와 땅의 분리, 남자와 여자의 분리, 빛과 어둠의 분리입니다. 이 분리가 곧 질서입니다. 그리고 이 분리된 것들이 뒤섞이는 것을 혼돈으로 여겼지요. 혼돈이라는 것은 막 뒤섞이는 것입니다. 그래서 이스라엘 사람들은 일상생활에서도 이러한 뒤섞임을 혼돈으로 보았습니다. 그래서 이러한 분리를 유지하는 것은 창조의 질서를 유지하는 데 매우 중요한 것으로 간주되었습니다.

그래서 서로 다른 가축끼리 교미시키는 것을 금지했고 서로 다른 종자 간 교배를 금지했으며 서로 다른 재료로 섞어 옷감을 짜는 것도 금지했습니다. 그리고 신명기에 보면 소와 나귀에게

한 멍에를 매고 밭을 갈게 하는 것도 금지했고 남자가 여자 옷을 입는다거나 여자가 남자 옷을 입는다거나 하는 것도 금지했습니다. 또한 한 밭에 서로 다른 종류의 씨앗을 심는 것도 금지했습니다. 이런 맥락에서 사람과 짐승이 성관계를 하는 것은 창조의 질서를 깨뜨리는 것입니다. 남자와 남자의 항문성교도 마찬가지입니다. 성관계의 질서는 남자와 여자가 질삽입성교를 하는 것이기 때문입니다. 아마도 구강성교를 통해 사정하는 것도 정죄되었을 것입니다. 생산과는 관련이 없는 행위이기 때문입니다.

그러나 오늘날 이것을 문자 그대로 지킬 수는 없습니다. 창조의 질서를 지켜야 한다는 원칙 혹은 원리와 그것이 당대에 구체적으로 어떤 모습으로 드러나야 하는가는 서로 다른 문제이기 때문입니다. 즉 고대 근동 사회에서 이스라엘이 창조의 질서를 유지하고 지키기 위해 일상생활에서 실천했던 것들을 오늘날 그대로 실천해야 우리도 창조의 질서를 지키는 것은 아닙니다. 창조의 질서를 유지하고 지켜야 한다는 점에서 고대 근동 사회의 이스라엘이나 21세기를 사는 우리는 차이가 없지만 그 구체적인 실천 방식에서는 상당한 차이가 있는 것입니다.

이것이 어떤 의미인지 좀 더 자세하게 살펴보면서, 지난번 설교 마무리에서 품었던 두 가지 의문들에 대한 답을 해볼까 합니다. 레위기 18:22절, 20:13절의 동성애 관련 구절(정확하게 말하면 남성 간 항문삽입성교 관련 구절)이 오늘날의 동성애와 아무 관련이 없으며, 이 구절을 근거로 동성애를 정죄하는 것은 잘못이라는 이야기를 여러 가지 근거를 들어서 이야기했습니다. 그렇다면 이런 의문이 듭니다. 항문삽입성교 관련 구절 전후로 여러 가지 금기시되는 성행위(근친상간, 간통, 수간 등)가 나오는데, 그것들도 폐지된 것 아닌가? 그렇다면 그러한 행위들을 해도 괜찮다는 말인가라는 의문이 들 수 있습니다.

우선 이런 이야기부터 하도록 하지요. 레위기의 목적, 혹은 주제는 무엇일까요? 이스라엘 백성은 아브라함의 후손으로서 언약 백성입니다. 하나님은 아브라함에게 후손을 하늘의 별과 같이, 바다의 모래와 같이 번성케 하겠다고 약속했습니다. 그것은 단지 숫자의 많음을 뜻하는 것이 아니라 아브라함의 후손들을 하나님의 백성으로서 번성케 하겠다는 것, 하나님의 뜻에 순종하는 공동체로 만들겠다는 약속입니다. 그 약속에 따라 이삭이 태어났고, 이삭에게서 야곱이, 야곱에게서 12지파가 태어납니다. 야곱의 막내아들인 요셉이 이집트에 노예로 팔려갔고, 그곳에서 총리가 됩니다. 야곱이 살던 지역에서 큰 흉년이 들어 야곱과 그 아들들이 이집트로 내려옵니다. 그곳에서 요셉을 만나고, 그 후로 이집트에서 살게 됩니다. 세월이 흘러 이스라엘은 이집트에서 번성하지만 얼마 안 되어 노예로 전락합니다. 400년의 세월을 이집트에서 보냅니다.

이집트에서 노예 생활을 하며 말로 다할 수 없는 고생을 하던 이스라엘 백성들을 하나님은 모세를 통해 구원하십니다. 이집트를 탈출한 이스라엘 백성은 가나안 땅에 정착합니다. 가나안 땅에 들어가기 전에 광야의 시내산에서 하나님과 언약을 맺습니다. 그 언약의 핵심은 하나님은 이스라엘의 하나님이 되며, 이스라엘은 하나님을 온전히 섬긴다는 것입니다. 이스라엘은 가나안 땅에서 하나님 나라 백성답게 살아야 했습니다. 이방 나라와 구별되어 사는 것으로 하나님을 섬긴다는 것을 증명해야 했습니다. 레위기 18:1-5절입니다.

> **1** 주님께서 모세에게 말씀하셨다. **2** "너는 이스라엘 자손에게 말하
> 여라. 그들에게 이렇게 일러라. 내가 주 너희의 하나님이다. **3** 너
> 희는 너희가 살던 이집트 땅의 풍속도 따르지 말고, 이제 내가 이
> 끌고 갈 땅, 가나안의 풍속도 따르지 말아라. 너희는 그들의 규례
> 를 따라 살지 말아라. **4** 그리고 너희는 내가 명한 법도를 따르고,
> 내가 세운 규례를 따라 살아라. 내가 주 너희의 하나님이다. **5** 그
> 러므로 너희는 내가 세운 규례와 내가 명한 법도를 지켜라. 어떤
> 사람이든 이것을 지키기만 하면, 그것으로 그 사람이 살 수 있다.
> 나는 주다.

레위기 18:24-30절입니다.

24 위에서 말한 것 가운데 어느 하나라도 저지르면, 이것은 너희가 스스로를 더럽히는 일이니, 그런 일이 없도록 하여라. 내가 너희 앞에서 쫓아낼 민족들이, 바로 그런 짓들을 하다가 스스로 자신을 더럽혔다. **25** 따라서 그들이 사는 땅까지 더럽게 되었다. 그러므로 나는 그 악한 땅을 벌하였고, 그 땅은 그 거주자들을 토해내게 되었다. **26** 너희는 모두 내가 세운 규례와 내가 명한 법도를 잘 지켜서, 온갖 역겨운 짓 가운데, 어느 하나라도 범하지 않도록 하여라. 본토 사람이나 너희와 함께 사는 외국 사람이나 다 마찬가지이다. **27** 너희보다 앞서 그 땅에서 살던 사람들은, 이 역겨운 모든 짓을 하여, 그 땅을 더럽히고 말았다. **28** 너희가 그 땅을 더럽히면, 마치, 너희보다 앞서 그 땅에 살던 민족을 그 땅이 토해 냈듯이, 너희를 토해 낼 것이다. **29** 누구든지 위에서 말한 역겨운 짓 가운데 어느 하나라도 범하면, 백성은 그런 짓을 한 그 사람과는 관계를 끊어야 한다. **30** 그러므로 너희는, 내가 지키라고 한 것을 꼭 지켜서, 너희보다 앞서 그 곳에 살던 사람들이 저지른 역겨운 풍습 가운데 어느 하나라도 따라가는 일이 없도록 하여라. 그런 짓들을 하여, 너희가 스스로를 더럽히는 일이 없도록 하여라. 내가 주 너희의 하나님이다."

하나님이 이스라엘 백성에게 레위기 율법을 주신 이유는 이집트나 가나안 땅의 풍습을 따라 살지 않게 하기 위함입니다. 이스라엘은 가나안 땅에서 이집트나 가나안 민족들의 풍습이나 규례와는 다른 삶을 살아야 했습니다. 레위기 18장을 비롯해서 레위기에서 금지하는 여러 규례들은 당시 이집트나 가나안 족속들 사이에서 흔하게 있었던 일들입니다. 이집트나 가나안 족속들의 풍습이었다는 것입니다. 이스라엘 사람들은 가나안 땅에서 가나안의 풍습에 물들지 않고 레위기 규례를 지킴으로써 하나님 나라 백성의 정체성, 공동체성을 유지했던 것입니다.

만약에 이스라엘 백성들이 레위기의 규례들을 지키지 않는다면 그것은 한 개인의 범죄로 끝나는 것이 아니라 공동체의 파괴, 공동체의 무너짐과 직접적인 관련이 있는 것입니다. 하나님 나라 백성으로서의 독특한 정체성이 사라지는 위기에 빠지는 것입니다. 그러므로 레위기 율법의 준수는 하나님 나라 백성의 공동체를 유지하기 위해 반드시 지켜야 했던 것입니다.

레위기의 목적, 주제는 이것입니다. 이 땅에서 하나님 나라 백성으로서 어떻게 살 것인가, 그리고 개인이 아니라 공동체로서 어떻게 살 것인가입니다. 세상 공동체와 구별된 하나님 나라 공동체는 어떠해야 하는가에 대한 이야기입니다.

레위기가 오늘날 우리에게 하나님의 말씀으로서 유효하다는 것은 레위기의 모든 구절구절을 문자적으로 실천해야 한다는 뜻이 아닙니다. 레위기에 나와 있는 구체적인 규례들은 고대 근동 이스라엘 사회의 독특한 정황에서 나온 규례들이기에 우리는 더 이상 그 규례들을 문자적 지킬 필요가 없습니다. 그러나 레위기의 기능인 '하나님 나라 백성으로서의 독특한 정체성을 유지해야 한다.'는 차원에서는 우리에게 유효합니다. 즉 레위기의 구절구절은 폐지되었지만, 레위기가 보여주는 정신, 기능인 하나님 나라 백성들의 공동체는 세상 사람들의 공동체와는 달라야 한다.'는 말씀은 여전히 유의미합니다.

그러므로 우리는 오늘날 레위기를 읽고 묵상하면서, 어떻게 하면 그 규례들을 문자 그대로 실천할 수 있을까를 고민하는 것이 아니라 레위기가 가지고 있는 기능, 즉 하나님 나라 백성으로서 오늘날 어떻게 하면 이 땅에서 구별된 삶을 살 수 있을까, 옛 이스라엘 백성들은 이렇게 하나님 나라 백성으로서 살았는데 우리는 어떻게 살아야 할 것인가를 고민하고 실천해야 하는 것입니다.

그러기에 레위기의 여러 성적인 금기들, 예를 들면 근친상간, 간통, 수간, 질외사정, 월경 중인 여성과의 성관계, 항문 삽입성교 등에 대해 우리는 레위기에 그것을 금하는 명령이 있기에 그것을 하지 않는 것이 아니라 하나님 나라 백성의 공동체를 유지하기 위해, 하나님 나라 백성의 독특한 정체성을 유지하며 세상과 구별되는 삶을 살기 위한 기준으로 판단해야 하는 것입니다.

따라서 거듭 강조하자면 우리는 레위기의 여러 성적 금기들을, 레위기에 근거해 '하느냐, 하지 않느냐.'를 결정하는 것이 아니라(이미 레위기의 구체적인 규례는 폐지되었음을 잊지 마시기 바랍니다.) 오늘날 하나님 나라 공동체를 유지하는 것, 세상과 구별되는 독특한 하나님 나라 백성의 정체성을 유지하고 지키고 드러내기 위한 기준으로 무엇을 하고 혹은 무엇을 하지 않고를 결정해야 하는 것입니다.

우리는 레위기를 통해서 '성적인 영역'도 하나님의 뜻 안에서, 그리고 하나님 나라 백성의 공동체가 유지되는 데 중요한 기준이 됨을 배우는 것이지 레위기에 있는 규례들 하나하나를 실천하기 위해 레위기를 배우는 것은 아닙니다. 이런 맥락에서 레위기는 오늘날에도 여전히 하나님의 말씀입니다.

레위기의 구체적인 규례들이, 성적인 금기들이 고대 근동의 이스라엘 사회를 유지해 주고 하나님 나라 공동체의 표지를 드러내었듯이 오늘날 우리도 성적인 면에서 교회 공동체가 어떤 태도를 취하고 어떤 행동을 하며, 어떤 주장과 견해를 가지는 것으로 하나님 나라 백성으로서의 독특성, 정체성을 유지할 수 있는지를 고민해야 합니다. 그래서 레위기에 나와 있지 않은 오늘날의 성적인 문제들, 예컨대 포르노 및 성 중독, 아동 성매매 및 강간, 데이트강간 및 부부 간 강간 같은 성적 착취와 성폭력 등 여러 성적인 이슈들에 대해 교회 공동체는 고민해야 하며, 그것들에 대해 하나님의 말씀에 따라 어떤 태도를 취해야 하는지에 대해 치열하게 논의하고 합의하며 고백하며 선언해야 하는 것입니다.

레위기에서 금기시하는 질외사정이 요즘 문제입니까? 레위기에서 금지하는 월경 중 성관계가 오늘날도 문제입니까? 아닙니다. 레위기에서 정죄하는 생산 이외의 성관계를 오늘날에도 정죄합니까? 콘돔을 사용한 성관계나 질외사정이나 자위나 월경 중에 하는 성관계 등은 아무런 문제가 되지 않습니다. 레위기에서는 큰 문제가 되었지만 지금은 문제가 되지 않습니다. 이런 맥락에서 레위기에 나와 있는 구체적인 금기들에만 집착해서 성적인 금기를 논하는 것은 매우 현실성 없는 것입니다.

근친상간은 어떻습니까? 우리는 레위기에 규정되어 있기에 근친상간을 반대하는 것이 아닙니다. 만약에 레위기에 규정되어 있지 않았으면 근친상간을 했을까요? 찬성했을까요? 레위기에 근친상간에 대한 금기가 없었어도 우리는 근친상간을 반대했을 것입니다. 근친상간은 이 사회를 건강하게 유지하는 데 심각한 방해가 됩니다. 만약에 교회 공동체 내에서 이러한 일이 발생한다면 그것은 교회 공동체를 매우 어지럽히는 것이며 힘들게 할 것입니다.

바울은 고린도 교회에 보내는 편지에서 그 교회에 아버지의 부인과 성관계를 맺은 교우가 있다는 것을 알고 이에 대해 엄중하게 질책합니다. 또 어떤 편지에서는 교회의 여자들을 성적인 대상으로 보지 말고 자매처럼 대하라고 합니다. 혼인 관계를 신실하게 지키라고 권면하기도 하고, 젊은 청년들에게는 정욕을 이기지 못할 바에는 결혼을 하라는 현실적인 조언도 합니다. 바울은 하나님 말씀에 근거해서, 그리고 당대의 맥락에서 새로운 성윤리를 만들어갔고 그런 성윤리를 하나님 나라 공동체의 한 표지로 삼습니다. 서신서들을 보면 초대교회가 하나님 나라 공동체로서의 표지들에 대해 각 공동체가 처한 정황에서 그것들을 치열하게 고민하며 만들어갔던 모습이 나옵니다. 로마서 12:1-2절입니다.

> 1 형제자매 여러분, 그러므로 나는 하나님의 자비하심을 힘입어 여러분에게 권합니다. 여러분의 몸을 하나님께서 기뻐하실 거룩한 산 제물로 드리십시오. 이것이 여러분이 드릴 합당한 예배입니다. 2 여러분은 이 시대의 풍조를 본받지 말고, 마음을 새롭게 함으로 변화를 받아서, 하나님의 선하시고 기뻐하시고 완전하신

뜻이 무엇인지를 분별하도록 하십시오.

로마서 11장까지는 구원의 도리에 대해 설명합니다. 12장부터는 구체적으로 어떻게 세상을 살아갈 것인가에 대한 권면입니다. 그런데 12장의 시작을 '여러분의 몸을 하나님께서 기뻐하실 거룩한 산 제물로 드리십시오. 이것이 여러분이 드릴 합당한 예배입니다.'라고 합니다. 이것이 신약의 레위기입니다. 2절에서는 무엇이라고 합니까? '이 시대의 풍조를 본받지 말고'라고 합니다. 레위기와 같지 않습니까? 이스라엘이 가나안 족속들의 풍습을 본받지 않게 하기 위해서 레위기 규례가 주어진 것 아닙니까? 그런데 바울이 로마서 12장 이하에서 레위기를 문자 그대로 반복합니까? 아닙니다. 레위기와는 전혀 다른 모습, 다른 형태, 다른 형식, 다른 내용의 말씀을 합니다. 로마서 12장 이하를 자세히 읽어 보시기 바랍니다. 이것이 레위기를 존중하는 방식입니다.

그렇다면 오늘날 우리들은 어떻게 레위기를 존중하며 하나님의 말씀으로 여길 수 있을까요? 레위기를 그대로 반복하고 문자 그대로 준수하는 것으로 가능합니까? 아닙니다. 레위기의 정신, 레위기의 기능, 레위기의 목적과 주제를 오늘날의 언어와 오늘날의 문화와 오늘날의 이슈에 적용하여 지키는 것입니다.

그렇다면 동성애는 어떻습니까? 이것 역시 레위기에 규정되어 있어서 찬성하고 반대하는 것이 아니라, 항문삽입성교를 포함한 특정 성행위, 그리고 동성애라는 성정체성이 오늘날 가정을 파괴하고 지역사회를 타락시켜 건강한 사회 유지를 방해하는지, 동성애자들이 정말로 성적으로 타락한 사람들인지, 일부 몰지각한 기독교인들의 주장처럼 인구 감소의 원인이 동성애 때문이고 또 하나님이 동성애자들을 벌주기 위해 '에이즈라는 천벌'을 내렸는지에 대해 사실적으로 따져봐야 합니다.

이와 더불어, 동성애를 반대하고 동성애자들을 공격하고 그들을 하나님 나라 공동체에서 제외하는 것이 하나님 나라 공동체의 독특성과 정체성을 유지하는 것인지, 아니면 동성애자들을 비롯한 성소수자들의 성정체성을 인정하고 그 정체성에 따른 책임 있는 행동을 요구하며, 그들을 하나님 나라 백성으로서 온전히 받아들이는 것이 하나님 나라의 독특성과 정체성을 유지하는 것인지를 따져봐야 할 것입니다.

이런 것을 생각해 봅시다. 요즘 미국에서 금융자본주의에 반대하는 시위가 대도시를 중심으로 일어나고 있습니다. 얼마 전에는 시위대로 인해 캘리포니아주 오클랜드 항구가 폐쇄되었습니다. 이 시위대는 사회를 파괴하는 세력인가요? 사회를 지키는 세력인가요? 만약에 비정규직 노동자들이 정규직을 원하며 도심에서 격렬한 시위를 벌인다면 그 사람들은 사회를 파괴하는 세력인가요? 사회를 지키는 세력인가요? 지금도 한진중공업 노동자 해고 문제를 해결하기 위해 김진숙 씨는 높은 크레인에서 300일 넘게 시위를 하고 있습니다. 이 김진숙 씨는 사회를 파괴하는 세력인가요? 사회를 지키는 세력인가요? 대학생들이 반값 등록금을 위해서 도심을 점령하고 격렬하게 시위를 한다면, 경찰의 저지선을 뚫고 시위를 한다면 그들은 사회를 파괴하는 세력인가요? 아니면 사회를 지키는 세력인가요?

여러분이 어떤 입장에 있는가에 따라, 이 사회를 어떻게 보고 어떤 정치적 입장, 즉 어떤 계급적 입장에 서 있는지에 따라 사회를 파괴하는 세력으로 볼 수도 있고 사회를 지키는 세력으로 볼 수도 있습니다. 동성애도 마찬가지입니다. 동성애가 사회를 파괴하는 죄악인지, 아니면 사회의 다양성을 인정하고 이 사회를 구성하는 다양한 소수자도 존중받는 지표가 되는지, 동성애가 하나님 나라를 파괴하고 하나님 나라 공동체를 훼손하는 세력인지, 아니면 하나님 나라를 풍성하게 하며, 하나님 나라가 어떠한 나라인지를 드러내는 증거인지는 결국 여러분이 어떤 입장에 서 있는가에 따라 다를 것입니다.

그렇다면 그 입장이, 여러분이 서 있는 입장이 성경에서 이야기하는 하나님 나라의 입장인지 진지하게 생각해 볼 일입니다. 예수님이 우리에게 가르쳐 준, 우리에게 맛보여 준 그 나라가 정말 어떤 나라인지, 어떤 공동체인지 말입니다.

로마서 1:18-32절

순리와 역리 1

18 하나님의 진노가, 불의한 행동으로 진리를 가로막는 사람의 온
갖 불경건함과 불의함을 겨냥하여, 하늘로부터 나타납니다. 19 하
나님을 알 만한 일이 사람에게 환히 드러나 있습니다. 하나님께
서 그것을 환히 드러내 주셨습니다. 20 이 세상 창조 때로부터, 하
나님의 보이지 않는 속성, 곧 그분의 영원하신 능력과 신성은, 사
람이 그 지으신 만물을 보고서 깨닫게 되어 있습니다. 그러므로
사람들은 핑계를 댈 수가 없습니다. 21 사람들은 하나님을 알면서
도, 하나님을 하나님으로 영화롭게 해드리거나 감사를 드리기는
커녕, 오히려 생각이 허망해져서, 그들의 지각없는 마음이 어두
워졌습니다. 22 사람들은 스스로 지혜가 있다고 주장하지만, 실상

은 어리석은 사람이 되었습니다. 23 그들은 썩지 않는 하나님의
영광을, 썩어 없어질 사람이나 새나 네 발 짐승이나 기어다니는
동물의 형상으로 바꾸어 놓았습니다. 24 그러므로 하나님께서는,
사람들이 마음의 욕정대로 하도록 더러움에 그대로 내버려 두시
니, 서로의 몸을 욕되게 하였습니다. 25 사람들은 하나님의 진리
를 거짓으로 바꾸고, 창조주 대신에 피조물을 숭배하고 섬겼습니
다. 하나님은 영원히 찬송을 받으실 분이십니다. 아멘. 26 이런 까
닭에, 하나님께서는 사람들을 부끄러운 정욕에 내버려 두셨습니
다. 여자들은 남자와의 바른 관계를 바르지 못한 관계로 바꾸고,
27 또한 남자들도 이와 같이, 여자와의 바른 관계를 버리고 서로
욕정에 불탔으며, 남자가 남자와 더불어 부끄러운 짓을 하게 되
었습니다. 그래서 그들은 그 잘못에 마땅한 대가를 스스로 받았
습니다. 28 사람들이 하나님을 인정하기를 싫어하므로, 하나님께
서는 사람들을 타락한 마음 자리에 내버려 두셔서, 해서는 안될
일을 하도록 놓아 두셨습니다. 29 사람들은 온갖 불의와 악행과
탐욕과 악의로 가득 차 있으며, 시기와 살의와 분쟁과 사기와 적
의로 가득 차 있으며, 수군거리는 자요, 30 중상하는 자요, 하나님
을 미워하는 자요, 불손한 자요, 오만한 자요, 자랑하는 자요, 악
을 꾸미는 모략꾼이요, 부모를 거역하는 자요, 또는 '하나님께서
미워하시는' 31 우매한 자요, 신의가 없는 자요, 무정한 자요, 무

> 자비한 자입니다. 32 그들은, 이와 같은 일을 하는 자들은 죽어야 마땅하다는 하나님의 공정한 법도를 알면서도, 자기들만 이런 일을 하는 것이 아니라, 이런 일을 저지르는 사람을 두둔하기까지 합니다.

성경에는 동성애라는 단어는 나오지 않습니다. 어떤 특정한 성행태에 관한 묘사에서 동성애를 유추할 수 있을 뿐이지 동성애라는 단어 자체는 나오지 않습니다. 동성애라는 단어가 나오지 않는다는 것은 동성애에 대해 이렇다 저렇다 할 명확한 성경적 근거가 없다는 뜻이기도 합니다. 그나마 사도 바울이 쓴 로마서에 '동성애와 관련된 듯 보이는' 이야기가 나옵니다마는 이것이 오늘날 이야기하는 동성애에 대한 정죄인지는 논의가 분분합니다. 어떤 성경학자들은 이 본문을 근거로 동성애와 동성애자를 정죄합니다마는 어떤 성경학자들은 이 본문이 동성애나 동성애자에 대한 정죄가 아니라고 합니다.

저는 이 본문이 동성애나 동성애자를 정죄하는 것이 아니라는 입장입니다. 우리가 늘 그래왔듯이 오늘도 성경이 정말 그렇게 이야기하는가를 배우려는 태도, 그리고 열린 마음으로 설교를 들어주시기 바랍니다.

우선, 이런 이야기부터 하겠습니다. 성경에 나오는 동성애 관련 구절은 모두 '동성섹스'에 관한 것입니다. 즉 어떤 특정한 성행동에 관한 것입니다. 엄밀하게 이야기하면 '동성애자'에 관한 이야기가 아니라 '동성섹스'에 관한 이야기입니다. 그 사람이 이성애자이든지 동성애자이든지 상관없이 어떤 특정한 형태의 동성섹스에 관한 이야기라는 것입니다. 성경이 기록되던 시대에는 오늘날처럼 성정체성에 대한 개념, 즉 이성애자와 동성애자에 대한 구별, 명백한 개념 규정이 없었습니다. 성적 지향성 혹은 정체성에 따라서 이성애자, 양성애자, 동성애자로 분류한 것은 근대 이후의 일입니다.

그런데 동성애와 동성섹스는 구별해야 합니다. 대개 동성애와 동성섹스를 구별하지 않고 그것을 하나로 보는 경향이 있는데, 엄밀하게 이야기하면 서로 다른 것입니다. 동성애를 이해하기 위해서는 '성적 지향성(sexual orientation)'이라는 말을 이해해야 합니다.

성적 지향성은 한 사람이 다른 사람에게 느끼는 자발적이고 지속적인 정서적, 애정적, 육체적, 낭만적 끌림을 뜻합니다. 성적 지향성은 한 사람의 정체성을 구성하는 요소 중 하나로 자연스럽게 타고나는 것입니다. 성적 지향은 어느 특정한 시기에 생기는 것은 아니며, 자신의 성적 지향에 대해 스스로 인지하고 수용하게 되는 시기는 사람마다 다를 수 있습니다. 이 성적 지향성이 이성에게 향하면 이성애자로 부르고, 동성에게 향하면 동성애자로 부르고, 이성과 동성 모두에게 향하면 양성애자로 부릅니다.[4]

그런데 성적 지향성이 이성에게 있음에도 불구하고 동성과 성관계를 할 수 있고, 성적 지향성이 동성에게 있음에도 불구하고 이성과 성관계를 할 수 있습니다. 따라서 이러한 성관계 자체로 동성애자 혹은 이성애자로 판단할 수 있는 것은 아닙니다. 즉 어떤 성경험을 했느냐에 따라 동성애자 혹은 이성애자로 나눌 수 없다는 것입니다. 이성애자임에도 불구하고 어떤 상황에서는 동성과 성관계를 하기도 하고, 동성애자임에도 불구하고 어떤 상황에서는 이성과 성관계를 할 수도 있습니다. 교도소나 군대 등 남자만 모여 있는 폐쇄된 공간에서 남성 동성 간 성관계가 있을 수 있지만 그렇다고 해서 그들을 모두 동성애자라고 하지는 않습니다. 마찬가지로 동성애자들 중에서도 사회적인 압력 등으로 인해 어쩔 수 없이 이성과 결혼을 하여 성관계를 하는 경우도 있습니다마는 그렇다고 해서 이들을 이성애자라고 할 수는 없습니다. 덧붙여서 말하자면 간혹 동성애자를 '동성연애자'로 부르기도 하는데 부절적한 표현입니다. 그 말에는 성관계가 전제되

---

4 한국성적소수자문화인권센터 성적소수자 사전을 참조. http://kscrc.org/xe/board_yXmx36

어 있고 그것만으로 동성애자의 정체성을 규정하기 때문입니다. 이성애자는 이성연애자로 부르지 않는다는 것을 생각해 보면 그 말에 담긴 부정적 의미를 짐작할 수 있습니다.

다시 이야기하면 성행위 자체가 그 사람의 성적 지향성을 결정하는 것이 아닙니다. 동성과 성관계를 했다고 해서 동성애자가 되는 것도 아니고 이성과 성관계를 했다고 해서 이성애자가 되는 것도 아닙니다. 대부분 성적 지향과 성적 행동은 일치하지만, 어떤 상황에서 혹은 어떤 사람의 경우에는 일치되지 않는 경우도 있습니다. 그리고 성경이 정죄하는 것은 성적 지향이 아니라 특정 성적 행동에 관한 것입니다.

성적 지향에 대한 이런 지식을 염두에 두고 오늘 본문을 살펴보겠습니다. 오늘 다 할 수는 없고, 두세 번 정도 로마서의 동성애 관련 구절을 다룰 예정입니다. 로마서 1:18-3:20절은 유대인과 이방인들의 죄악에 대한 바울의 엄중한 폭로이자 고발입니다. 유대인과 이방인 모두 하나님 앞에서 범죄를 저질렀습니다. 모두 하나님의 엄중한 진노를 받아 마땅합니다. 그런데 이방인과 유대인들이 모두 죄인이지만 그 죄의 증상은 다릅니다. 1:18-32절은 이방인들의 죄악입니다. 특히 바울은 로마제국의 죄악상을 염두에 두고 이 죄악 목록을 기록했을 것입니다. 2:1-

3:20절은 유대인들의 죄악과 더불어 모든 인류가 하나님 앞에서 죄인이라는 것을 이야기합니다. 특히 유대인들의 죄악은 이방인들의 죄악과는 달리 경건을 가장한 죄악입니다. 종교적인 죄악입니다.

그러므로 로마서 1:18-3:20절의 어느 특정한 구절을 가지고 너는 죄인이네, 나는 죄인이 아니네 등의 이야기를 하는 것은 본문의 의도와 전혀 관련없는 것입니다. 본문의 의도는 '모든 사람이 죄인'이라는 것입니다. 그러므로 어느 특정 부류의 사람들을 죄인으로 정죄하기 위해 로마서 1:18-3:20절의 특정한 죄악 목록을 이용하는 것은 본문의 의도와는 거리가 먼 것입니다. 본문은 어느 특정 부류가 죄악에 빠졌다, 어느 특정 부류가 죄인이다라는 이야기를 하는 것이 아니라 모든 인류는 죄인이다, 모든 인류는 하나님 앞에 범죄를 저질렀다는 이야기를 합니다. 그러기에 어느 특정 부류를 죄인으로 정죄하기 위해 이 본문을 사용한다면, 그것은 곧 2:1절 이하에서 이야기하는 유대인들의 죄악을 범하는 것이라고 할 수 있습니다.

오늘 읽은 본문의 구조를 살펴보겠습니다. 18절에 하나님의 진노가, 불의한 행동으로 진리를 가로막는 사람의 온갖 불경건함과 불의함을 겨냥하여 하늘로부터 나타난다고 합니다. 불경건은 하나님을 하나님으로 섬기지 않고 하나님께 반역하고 하나님을 의도적으로 거부하고 조롱하는 것입니다. 불의함은 불경건의 결과로 나타나는 여러 가지 일상적인 죄악들입니다.

19-32절은 세 단락으로 나눌 수 있습니다. 19-24절, 25-27절, 28-32절입니다. 각 단락에는 하나님과 사람의 어그러진 관계, 그리고 하나님이 인간을 내버려 두셨다는 것, 그로 인해 인간이 여러 가지 죄악을 저질렀다는 이야기가 나옵니다. 각 단락을 간단하게 살펴보도록 하지요. 19-24절을 읽어보시기 바랍니다.

> **19** 하나님을 알 만한 일이 사람에게 환히 드러나 있습니다. 하나
> 님께서 그것을 환히 드러내 주셨습니다. **20** 이 세상 창조 때로부
> 터, 하나님의 보이지 않는 속성, 곧 그분의 영원하신 능력과 신성
> 은, 사람이 그 지으신 만물을 보고서 깨닫게 되어 있습니다. 그러
> 므로 사람들은 핑계를 댈 수가 없습니다. **21** 사람들은 하나님을
> 알면서도, 하나님을 하나님으로 영화롭게 해드리거나 감사를 드
> 리기는커녕, 오히려 생각이 허망해져서, 그들의 지각없는 마음이
> 어두워졌습니다. **22** 사람들은 스스로 지혜가 있다고 주장하지만,
> 실상은 어리석은 사람이 되었습니다. **23** 그들은 썩지 않는 하나
> 님의 영광을, 썩어 없어질 사람이나 새나 네 발 짐승이나 기어다
> 니는 동물의 형상으로 바꾸어 놓았습니다. **24** 그러므로 하나님께
> 서는, 사람들이 마음의 욕정대로 하도록 더러움에 그대로 내버려

두시니, 서로의 몸을 욕되게 하였습니다.

19-23절이 불경건이고, 24절이 불의입니다. 하나님의 창조물인 이 세상을 통해 사람들은 하나님을 알 수 있었습니다. 그런데 사람들은 일부러 하나님을 거역하여 하나님이 만드신 피조물을 하나님으로 섬깁니다. 즉 우상숭배를 합니다. 그래서 하나님은 사람들이 마음의 욕정대로 그대로 내버려 두셨다고 합니다. 그래서 어떻게 되었나요? '서로의 몸을 욕되게 하였다.'고 합니다. 여기서 서로의 몸을 욕되게 하였다는 것은 성적인 음란함을 이야기하는 것으로 여겨집니다. 성 자체는 죄악이 아닙니다. 성은 하나님이 창조하신 것입니다. 그러나 그 성을 남용하고 음란하게 사용하는 것, 그 어떤 통제 없이 몸과 마음이 가는 대로 성을 사용하는 것은 죄악입니다. 특히 이 구절에서 이야기하는 '서로의 몸을 욕되게 하였다'는 말은 이성애자, 동성애자 가릴 것 없이 모든 음란한, 타락한 성관계에 관한 표현입니다. 그 다음으로 25-27절을 읽어 보기 바랍니다.

25 사람들은 하나님의 진리를 거짓으로 바꾸고, 창조주 대신에 피
조물을 숭배하고 섬겼습니다. 하나님은 영원히 찬송을 받으실 분
이십니다. 아멘. **26** 이런 까닭에, 하나님께서는 사람들을 부끄러

운 정욕에 내버려 두셨습니다. 여자들은 남자와의 바른 관계를
바르지 못한 관계로 바꾸고, **27** 또한 남자들도 이와 같이, 여자와
의 바른 관계를 버리고 서로 욕정에 불탔으며, 남자가 남자와 더
불어 부끄러운 짓을 하게 되었습니다. 그래서 그들은 그 잘못에
마땅한 대가를 스스로 받았습니다.

25절이 불경건입니다. 사람들이 하나님의 진리를 거짓으로 바꾸고, 창조주 대신에 피조물을 숭배하고 섬겼다고 합니다. 여기서도 첫 번째 단락과 마찬가지로 우상숭배입니다. 이렇게 우상숭배에 빠진 사람들에 대해 하나님은 내버려 두셨다고 합니다. '내버려 두셨다'는 것은 하나님이 인간에 대한 책임과 지배를 인간에게 넘겨주었다는 것입니다. 즉 너희 마음대로 해봐라, 이것입니다. 그래서 그 결과, 어떤 일이 벌어졌나요? 여자들은 남자와의 바른 관계를 바르지 못한 관계로 바꾸고, 남자들도 여자와의 바른 관계를 버리고 서로 욕정에 불탔으며, 남자가 남자와 더불어 부끄러운 짓을 하게 되었다고 합니다. 즉 남자와 남자, 여자와 여자가 욕정에 불타서 성관계를 하게 되었다는 것입니다. 그 다음으로 28-32절을 읽어 보기 바랍니다.

28 사람들이 하나님을 인정하기를 싫어하므로, 하나님께서는 사

람들을 타락한 마음 자리에 내버려 두셔서, 해서는 안될 일을 하
도록 놓아 두셨습니다. 29 사람들은 온갖 불의와 악행과 탐욕과
악의로 가득 차 있으며, 시기와 살의와 분쟁과 사기와 적의로 가
득 차 있으며, 수군거리는 자요, 30 중상하는 자요, 하나님을 미워
하는 자요, 불손한 자요, 오만한 자요, 자랑하는 자요, 악을 꾸미
는 모략꾼이요, 부모를 거역하는 자요, 31 우매한 자요, 신의가 없
는 자요, 무정한 자요, 무자비한 자입니다. 32 그들은, 이와 같은
일을 하는 자들은 죽어야 마땅하다는 하나님의 공정한 법도를 알
면서도, 자기들만 이런 일을 하는 것이 아니라, 이런 일을 저지르
는 사람을 두둔하기까지 합니다.

28절이 불경건입니다. 사람들이 하나님을 인정하기를 싫어합니다. 여기서는 우상숭배가 직접적으로 표현되지 않지만, 앞 단락과 연관해서 추론을 하면 28절의 내용도 우상숭배입니다. 하나님을 인정하기를 싫어해서 우상을 섬기는 것이지요. 그 결과, 하나님이 사람들을 내버려 두셨고, 그 결과, 온갖 불의와 악행과 탐욕 등 온갖 죄악들이 인간을 지배하게 됩니다.

오늘 우리가 살펴볼 단락은 두 번째 단락입니다. 동성애와 동성애자를 정죄하는 사람들이 주된 근거로 삼는 것이 이 두 번째

단락입니다. 명백하게 이 단락은 동성 간 성관계를 이야기하고 있습니다. 더구나 이곳에서는 여자와 여자의 성관계도 언급하고 있습니다. 다시 읽어 보면 '여자들은 남자와의 바른 관계를 바르지 못한 관계로 바꾸고, 또한 남자들도 이와 같이, 여자와의 바른 관계를 버리고 서로 욕정에 불탔으며, 남자가 남자와 더불어 부끄러운 짓을 하게 되었습니다.'라고 합니다. 이 구절을 개역개정판과 공동번역은 각각 이렇게 번역합니다.

> 그들의 여자들도 순리대로 쓸 것을 바꾸어 역리로 쓰며 그와 같이 남자들도 순리대로 여자 쓰기를 버리고 서로 향하여 음욕이 불 일듯 하매 남자가 남자와 더불어 부끄러운 일을 행하여(개역개정)

> 여자들은 정상적인 성행위 대신 비정상적인 것을 즐기며 남자들 역시 여자와의 정상적인 성관계를 버리고 남자끼리 정욕의 불길을 태우면서 서로 어울려서 망측한 짓을 합니다.(공동번역)

'바른 관계'와 '바르지 못한 관계'를 개역개정은 '순리'와 '역리'로 번역했고, 공동번역은 '정상적인'과 '비정상적인'으로 번역했습니다. 이 단어는 헬라어로는 '푸시스(순리)', '파라 푸신(역리)'입니다. 이 단어의 뜻은 '자연' 혹은 '본성'입니다. 영어성경은

'nature'로 번역했습니다. 로마서 2:14절을 읽어 보기 바랍니다.

율법을 가지지 않은 이방 사람이, 사람의 본성을 따라 율법이 명하는 바를 행하면, 그들은 율법을 가지고 있지 않아도, 자기 자신이 자기에게 율법입니다.

이방인들은 율법을 들은 적도 없고 배운 적도 없지만 본성에 따라 율법을 행할 수 있다는 것입니다. 그것을 양심이라고 이야기할 수도 있습니다. 그런데 여기서 사용된 '본성'이라는 단어와 1:26절, 27절의 '바른'이 헬라어로 같은 단어입니다. 고린도전서 11:13-15절을 보도록 하겠습니다.

13 여러분은 스스로 판단하여 보십시오. 여자가 머리에 아무것도
쓰지 않은 채로 하나님께 기도하는 것이 마땅한 일이겠습니까?
14 자연 그 자체가 여러분에게 가르쳐 주지 않습니까? 남자가 머
리를 길게 하는 것은 그에게 불명예가 되지만, **15** 여자가 머리를
길게 하는 것은 그에게 영광이 되지 않습니까? 긴 머리카락은 그
의 머리를 가려 주는 구실을 하는 것입니다.

초대교회의 풍습에 따르면 여자는 기도할 때 머리에 너울을

써야 했습니다. 만약 쓰지 않으면 부끄러운 일이었습니다. 아마도 고린도 교회에서 여자가 기도할 때 머리에 너울을 쓰는 것에 대한 논쟁이 있었던 것 같습니다. 그런데 바울은 여자들이 기도할 때 머리에 너울을 써야 한다고 하면서 '자연'에 호소합니다. 14절에서 사용한 자연이라는 단어가 로마서 1:26, 27절에서 사용된 '순리(바른)'이라는 단어입니다. 우리가 흔히 사용하는 그거야 당연한 거잖아, 그게 자연스러운 거지라는 의미와 같은 것입니다.

바울이 로마서에서 동성 간 성관계를 정죄할 때 전제가 되는 것은 이것이 '본성'에 위배된다는 것입니다. 자연스러운 것이 아니라는 것입니다. 더구나 유대적 배경에서(지난 레위기 설교에서 살펴보았듯이) 동성 간 성관계(삽입성교)는 자연스러운 것이 아닙니다. 동성 간 성관계는 생산과는 전혀 관련이 없는 오직 쾌락만을 추구하는 성관계이기에 자연스럽지 못한 것입니다. 유대적 배경에서는 동성 간 성관계만이 아니라 질외사정이나 자위 등의 성행위도 자연스러운 성행위가 아닙니다. 왜냐하면 이런 것은 생식과 아무 관련이 없기 때문입니다.

그런데 바울은 동성 간 성관계를 비판하면서, 이것을 동성 간 성관계를 한 사람들의 적극적인 선택으로 봅니다. 26절에 보면 '바꾸다'라는 동사가, 27절에는 '버리다'라는 동사가 사용됩니다. 본성을 바꾸었다, 본성을 버렸다는 것입니다. 즉 이성을 성적인 대상으로 여기는 본성을 바꾸거나 버렸다는 것입니다. 즉 본성을 적극적으로, 의식적으로 버리고 바꾸어서 동성을 성적인 대상으로 택했다는 것입니다. 이것이 '역리(바르지 못한, 자연스럽지 못한, 비정상적인)'입니다.

그렇다면 이런 논리가 가능합니다. 바울이 로마서에서 정죄하는 대상이 본성으로서의 동성애자들인가, 아니면 본성으로서의 동성애와는 상관없이 동성섹스에 빠진 사람들인가입니다. 바울은 이 사람들을 비판하면서 자연스러운 것을 버렸다, 본성을 바꾸었다고 합니다. 그렇다면 애당초 이들은 이성애자였다고 볼 수 있습니다. 이들은 이성애가 본성(자연스러운 것)이었고, 이 본성을 바꾸고 버렸다고 볼 수 있습니다. 바울이 이에 대해 정죄하는 것으로 해석할 수도 있습니다.

동성애자들에게 성적인 대상이 동성인 것이 본성 혹은 자연스러운 것인가요? 아니면 이성을 성적인 대상으로 여기는 것이 본성이고 자연스러운 것인가요? 대부분의 동성애자들은 자신의 성적 지향성에 대해 자신의 선택이 아니라고 이야기합니다. 환경 탓도 아닙니다. 이것은 심리학적, 의학적으로 증명된 것입니다. 비록 동성애의 원인이 명확하게 밝혀진 것은 없습니다마는 분명한 것은 그것이 자신들의 선택이 아니라는 것입니다. 그 어느 동성애자도 자신의 성적 지향성을 자신이 의지적으로 택했다고 하지 않습니다. 그래서 그들에게 부자연스러운 것은, 본성적이지 않은 것은 이성을 사랑하고 이성과 성관계를 하는 것입니다. 동성애자들에게 자연스러운 것은, 본성에 충실한 것은 그들의 성적 지향성에 따른 책임 있는 행위입니다. 이성애자들이 동성과 성적인 관계를 갖는 것은 본성을 거스르는 것이지만 동성애자들이 동성과 성관계를 갖는 것은 본성에 충실한 것입니다. 반대로 동성애자들이 이성과 성관계를 갖는 것이 본성에 어긋나는 것이지요.

보수적인 성경학자들은 이런 논리를 궤변으로 취급할 수 있습니다마는 저는 하나의 가능성 있는 해석이라고 생각합니다. 생각을 해보십시오. 선천적인 동성애자들에게 무엇이 역리이고 무엇이 순리인지요? 선천적인 동성애자들이 그들의 동성애적 성향을 누르고 전혀 성적인 관심이나 애정도 없는 이성과 결혼을 하고 성관계를 하는 것이 자연스러운 일이며 정상적인 일이며 본성에 충실한 것입니까?

제가 상담한 내담자들 중에는 동성애자가 몇 명 있습니다. 어떤 동성애자는 진지하게 여자와의 결혼에 대한 고민을 이야기합니다. 그는 여자에게는 전혀 성적인 관심이 없습니다. 당연히 여자를 사랑하지도 않습니다. 여자와 성관계를 한다는 생각만 해도 아찔합니다. 닭살이 돋는다고 합니다. 그런데도 결혼을 해야 하지 않을까하는 고민을 합니다. 외아들이고, 부모의 압력이 상상을 초월한다고 합니다. 그리고 결혼을 하지 않으니 사회적으로도 당당하지 못한 것 같다고 합니다. 어떻게 해야 할까요? 이 사람은 결혼을 해야 할까요? 여자에게는 털끝만큼의 성적인 욕구도 일어나지 않는데, 오히려 남자에게 성적으로 끌리고, 남자를 사랑하는데도 불구하고 여자와 결혼하는 것이 옳은 것일까요? 이것이 본성에 충실한 것인가요? 이것이 자연스러운 것인가요?

제가 보기에는 아닙니다. 오히려 부자연스러운 것이고 본성에 반하는 것입니다. 하지 않아야 합니다. 그 대가는 엄청납니다. 몇 달 전에 남편이 동성애자라는 사실을 최근에 알게 된 주부를 상담했습니다. 그 배신감, 상처는 엄청난 것입니다. 그 주부는 수십 년의 결혼생활이 사기였다고 생각합니다. 물론 그 남편도 안타깝기는 마찬가지입니다. 연세가 꽤 있으신 분들인데, 그 분들이 결혼할 당시에는 동성애에 대한 지식이라는 것이 거의 없었으니, 결혼을 어쩔 수 없이 한 것입니다. 남편도 만나서 상담을 했는데, 수십 년을 부인과 침대에서 같이 잤지만 늘 허전하고 늘 공허했다고 합니다. 부인이 싫어서요? 아닙니다. 인간적으로는 매우 좋다고 합니다. 그러나 사랑할 수는 없었다고 합니다. 아내는 아내 나름대로 얼마나 힘들었겠습니까? 상담이어서 그 내용을 자세하게 이야기할 수는 없으나 참으로 안타까운 일이었습니다.

무엇이 역리이고 무엇이 순리입니까? 무엇이 자연스러운 것이고 무엇이 부자연스러운 것입니까? 이성애자는 이성애자대로, 동성애자는 동성애자대로 자신의 성지향성에 맞추어서 책임 있게 인생을 살아가는 것이 자연스러운 것일까요? 아니면 자신의 성향과는 반대로 거짓된 삶을 사는 것이 자연스러운 것이고 본성에 맞는 것일까요?

로마서 1:18-32절

순리와 역리 2

18 하나님의 진노가, 불의한 행동으로 진리를 가로막는 사람의 온
갖 불경건함과 불의함을 겨냥하여, 하늘로부터 나타납니다. 19 하
나님을 알 만한 일이 사람에게 환히 드러나 있습니다. 하나님께
서 그것을 환히 드러내 주셨습니다. 20 이 세상 창조 때로부터, 하
나님의 보이지 않는 속성, 곧 그분의 영원하신 능력과 신성은, 사
람이 그 지으신 만물을 보고서 깨닫게 되어 있습니다. 그러므로
사람들은 핑계를 댈 수가 없습니다. 21 사람들은 하나님을 알면서
도, 하나님을 하나님으로 영화롭게 해드리거나 감사를 드리기는
커녕, 오히려 생각이 허망해져서, 그들의 지각없는 마음이 어두
워졌습니다. 22 사람들은 스스로 지혜가 있다고 주장하지만, 실상

> 은 어리석은 사람이 되었습니다. 23 그들은 썩지 않는 하나님의
> 영광을, 썩어 없어질 사람이나 새나 네 발 짐승이나 기어다니는
> 동물의 형상으로 바꾸어 놓았습니다. 24 그러므로 하나님께서는,
> 사람들이 마음의 욕정대로 하도록 더러움에 그대로 내버려 두시
> 니, 서로의 몸을 욕되게 하였습니다. 25 사람들은 하나님의 진리
> 를 거짓으로 바꾸고, 창조주 대신에 피조물을 숭배하고 섬겼습니
> 다. 하나님은 영원히 찬송을 받으실 분이십니다. 아멘. 26 이런 까
> 닭에, 하나님께서는 사람들을 부끄러운 정욕에 내버려 두셨습니
> 다. 여자들은 남자와의 바른 관계를 바르지 못한 관계로 바꾸고,
> 27 또한 남자들도 이와 같이, 여자와의 바른 관계를 버리고 서로
> 욕정에 불탔으며, 남자가 남자와 더불어 부끄러운 짓을 하게 되
> 었습니다. 그래서 그들은 그 잘못에 마땅한 대가를 스스로 받았
> 습니다.

바울은 하나님의 진노가 불의한 행동으로 진리를 가로막는 사람의 온갖 불경건함과 불의함을 겨냥하여 하늘로부터 나타났다고 합니다. 불경건은 하나님을 하나님으로 여기지 않고, 썩지 않는 하나님의 영광을 썩어 없어질 사람이나 동물의 형상으로 바꾸어 놓은 것입니다. 즉 우상숭배입니다. 하나님은 이러한 불경건한 사람들을 내버려두셨습니다. '내버려두셨다'는 표현은

네 마음대로 살아 봐라는 것입니다. 하나님이 인간을 향한 사랑과 인도하심, 간섭하심의 손길을 거두셨다는 것입니다. 그렇게 되자 어떤 결과가 일어났나요? 불의가 생겼다는 것입니다. 불의는 바르지 못한 행동이나 마음입니다. 특히 사람들과의 관계에서 나타나는 죄악입니다. 불의는 이렇게 나타납니다. 서로의 몸을 욕되게 하는 것(24절 하반절), 남녀가 남녀 간 자연스러운 성관계를 버리고 동성과 부자연스러운 성관계를 하는 것(26, 27절), 그리고 온갖 불의와 악행과 탐욕 등(29-32절)입니다.

여기서 바울이 26, 27절에서 비판한 남녀 간 자연스러운 관계를 버리고 동성 간 성관계를 하였다는 것이 동성애 자체에 대한 정죄인가, 아니면 어떤 특정한 동성섹스에 대한 정죄인가라는 질문이 제기됩니다. 동성애를 정죄하는 성경학자들이나 기독교인들은 이 구절을 동성애 자체에 대한 정죄로 보고, 동성애를 정죄하지 않는 성경학자들이나 기독교인들은 동성애 자체에 대한 정죄가 아니라 어떤 특정한 동성섹스에 대한 정죄로 해석합니다.

저는 지난번 설교에서 이 구절은 동성애 자체에 대한 정죄가 아니라 어떤 특정한 동성섹스에 대한 정죄라는 입장에서 이야기를 했습니다. 동성애와 동성섹스를 구별해야 한다는 이야기를 했습니다. 성행위가 성지향성을 결정하는 것이 아니라는 이야기를 했습니다. 성지향성, 즉 자신에게 본성적이고 자연스러운 성지향성과는 반대되는 성행위를 하는 경우도 있습니다. 즉 이성애자임에도 동성과 성관계를 하는 경우가 있고, 동성애자임에도 이성과 성관계를 하는 경우가 있습니다. 그러나 그러한 성관계가 그의 성지향성(성에 관한 본성, 자연스러운 것)을 결정하는 것은 아니라는 이야기를 했습니다. 다시 이야기하면 성지향성은 성경험 이전에, 그리고 자신의 선택과는 전혀 무관하게 이미 결정된 것입니다.

여러분의 대다수가 이성애자일 텐데, 여러분의 이성애적 성향을 여러분이 선택한 것인가요? 과거의 어떤 특정한 성경험 때문에 이성애자가 된 것인가요? 아니면 여러분의 부모가 여러분을 이성애자로 교육해서 이성애자가 된 것인가요? 아닙니다. 여러분이 이성애자인 것은 여러분의 선택이나 의지와는 상관없이 주어진 것입니다. 동성애/동성애자도 마찬가지입니다. 그 어느 동성애자도 자신의 성지향성을 선택하거나 학습을 통해서 배웠다고 하지 않습니다. 이성애중심 사회에서 태어나서 이성애가 당연하다고 여기는 환경에서 자라난 동성애자 가운데 일부는 자신의 동성애적 성향에 대해 잘 모르고 있다가, 혹은 흐릿한 안개처럼 뿌옇게 인식하고 있다가 어떤 성적 경험을 통해서 자신의 동성애적 성향을 알게 됩니다. 그래서 일부 동성애자들은 그러한 자각에 대해, 그 경험 때문에 자신이 동성애자가 되었다고 해석하는 경우가 있습니다. 하지만 그런 경험을 통해 동성애자가 된 것이 아니라 선천적으로 동성애적 성향을 가지고 있었으나 이성애중심 사회에서 그 성향을 의식적으로든 무의식적으로든 억압하다가 뒤늦게 분명한 자각, 확인을 하게 되었다는 것이 정확한 설명일 것입니다. 나아가 설사 동성애가 선천적 원인 뿐 아니라 성장 환경을 비롯해 다양한 사회적 배경들과 결합되어 나타날 수 있다고 하더라도 그렇게 생긴 성정체성이 현재 본인에게 자연스러운가, 부자연스러운가, 행복한가, 불행한가를 가장 중요한 판단 기준으로 삼아야 할 것입니다.

저는 지난번 설교에서 로마서 1:26-27절을 동성애 자체에 대한 정죄가 아니라 어떤 특정한 동성섹스에 대한 정죄로 해석할 수 있다는 이야기를 했습니다. 다시 말씀드리면 '바른 관계(순리)'와 '바르지 못한 관계(역리)'라는 단어는 '자연스러운, 본성', '자연스럽지 못한, 본성에 어긋나는'으로 번역할 수 있습니다. 영어로는 nature입니다. 26-27절을 보면 여자들이 이 본성을 '바꾸었다'고 표현하고, 남자들이 이 본성을 '버렸다'고 표현합니다. 바꾸었다, 버렸다는 표현은 의지적인 행동입니다. 즉 바울이 정죄하는 행위를 한 사람들의 의지적 행동입니다. 이들은 자연스러운 것, 본성적인 것을 버리고 바꾸었습니다.

이런 맥락에서 유추해보면 바울이 정죄하는 사람들은 동성애자들이 아니라 이성애자라고 할 수 있습니다. 물론 바울이 살던 시대에는 오늘날과 같은 동성애자와 이성애자 사이의 명백한 구별이 없었고 또 성지향성에 대한 개념 규정도 없었습니다. 바울에게 자연스러움이란 남자가 여자와 성관계를 하는 것이지 남자와 남자, 혹은 여자와 여자가 성관계를 하는 것은 아니었습니다. 바울이 정죄하는 것은 성지향성에 대한 것이 아니라(성지향성에 대한 지식 자체가 없었습니다.) 특정한 성행위에 대한 것입니다.

바울은 당시 로마 사회, 특히 로마 상류층의 성적인 타락상에 대해 여러 가지 소식을 들었을 것입니다. 바울은 로마 교회에 상당한 관심이 있었고, 로마에 가고자 하는 열정이 상당했기에 로마에 관한 소식은 무엇이든 놓치지 않았을 것입니다. 그리고 로마에서 온 신도들이나 방문객 등을 통해 로마에 관한 여러 소식을 들었을 것이고, 거기에는 로마 상류층의 성적인 타락도 포함되었을 것입니다. 당시 로마 사회는 성적으로 상당히 문란했습니다. 당시 로마 황제였던 네로의 성적 타락은 유명했습니다. 그는 이성과의 성행위뿐 아니라 동성과의 성관계도 공공연히 했습니다. 로마의 세 번째 황제였던 칼리굴라의 성행태도 상당히 유명하지요.

바울이 정죄한 것은 이러한 로마의 성적 타락에 대한 정죄입니다. 바울이 보기에 이들은 자연스러운 것을 부자연스러운 것으로 바꾼 것입니다. 본성을 거슬러 사는 것입니다. 여자와 성관계를 하다가 남자와 성관계를 하기도 하는 것은 바울이 보기에 해괴망측한 일이며 하나님의 질서를 무너뜨리는 것입니다. 즉 바울은, 오늘날의 관점에서 보면 이들을 동성애자여서 정죄하는 것이 아니라 섹스에 탐닉하고 우상숭배적 성적 문란에 빠져든 사람들이기에 정죄하는 것입니다. 이성애자든지 동성애자이든지 간에 성을 남용하고, 권력을 수단으로 해서 성을 착취하고, 사람을 인격으로 대하는 것이 아니라 성적인 욕구를 채우는 수단으로 대하는 것, 혼인의 신성함을 무너뜨리고 오직 섹스에 탐닉하는 것에 대한 정죄입니다.

또한 이 구절들은 권력관계에서 이루어지는 성행위에 대한 정죄일 수도 있습니다. 당시 공공연한 동성섹스는 대체적으로 동등한 관계에서 이루어지는 것이 아니라 주인과 노예의 관계, 성인과 소년의 관계 등 권력관계에서 이루어졌기에 근본적으로 성적 착취입니다. 물론 당대에 성적 착취라는 개념이 있었는지는 모르겠지만 성에 대한 왜곡인 것만은 분명한 것이고, 바울은 아마도 이러한 관계가 횡행했던 로마 사회를 비판했던 것 같습니다.

이러한 해석에 대해 보수주의 학자들의 반론도 상당합니다.

제가 읽은 책은 『존 스토트의 동성애 논쟁』(존 스토트, 홍성사)과 『모든 사람을 위한 로마서』(톰 라이트, IVP)입니다. 존 스토트와 톰 라이트는 이 단락을 창세기 1-3장을 염두에 두고 해석해야 한다고 합니다. 존 스토트보다는 톰 라이트의 글이 내용이 좀 더 상세해서 톰 라이트의 견해를 중심으로 이야기를 해볼까 합니다. 로마서 1:24-27절에 대한 톰 라이트의 해설을 읽어드리겠습니다.

> 이 본문 전체에 걸쳐 바울은 창세기 1-3장이라는 특정한 본문을 염두에 두고 있다. 만일 바울이 인간이 어떤 식으로 하나님의 의도에 거역해 왔는지 설명하려고 했다면, 십계명과 같은 것에서 시작하는 것이 더 좋았을 수도 있다. 하기야, 바울은 나중에(특히 13:8-10에서) 십계명으로 돌아가기는 한다. 그러나 앞으로 보겠지만, 당장 여기서 이스라엘의 율법을 다루는 것은 바울의 목표에는 적합하지 않다. 바울은 단순히 인간 역사의 특정 시점에 주어진 '율법'뿐만이 아니라, 창조 질서의 구조를 어떤 식으로 위반해 왔는지를 추적하고 싶어한다.
>
> 바울은 창조 질서라는 게 존재한다고 가정한다. 창조는 무작위적이거나 임의적이지 않다. 바울은 창세기 1장을 제1의 신학적 진술로 받아들이면서, 사람이 하나님의 형상으로 창조되었고 인간 이

외의 피조물을 돌보는 책임을 부여받았다고 본다. 사람은 번성하라는 명령을 받았다. 사람은 남성과 여성이 결합하는 상보성을 통해 하나님의 선한세계가 품고 있는 풍부한 생식 능력을 찬양하고 누려야 한다. 또한 동산과 그 안의 모든 것을 맡은 청지기로서, 하나님의 명령을 세계에 펼칠 책임을 부여받았다. 남녀는 서로 아주 다르지만, 창조의 음악을 만들기 위해 서로는 물론 하나님과 동역하도록 설계되었다. 이 세계의 구조 깊은 곳에는 상이한 것들의 결합에 상응하는 어떤 것이 내재해 있다. 그것은 동류의 단순한 결합으로는 도달할 수 없다.

이것은 바울이 인간 생명의 타락을 예시하는 첫째 사례로서 바로 동성애 행위를 들었다는 당황스런 사실을 설명하는 데 도움이 된다. 바울이 이 특정 행위를 목록 맨 위에 둔 이유는 도대체 무엇이겠는가? (많은 사람들의 제안처럼) 단순히 바울이 유대인으로서 특별히 이 행위를 역겹게 생각했다는 것은 그 답이 아니다. 물론 유대교는 여러 이방 문화에서 받아들이고 환영하기까지 했던 동성애 행위를 항상 금했다. 혹은 단순히 네로 황제가 온갖 형태의 성적 변태 행위를 포함하여 동성애 행위에도 빠졌던 것으로 알려져 있었으므로 바울이 로마 제국의 체제와 부패하고 부도덕한 권력을 책망하고 싶었으리라는 것도 그 답은 아니다. 물론 그런 생각이 바울의 의중에 조금이나마 있었다고 볼 수는 있지만, 그것이 바울의 핵심 요점은 분명 아니다.

흔히 주장하듯이, 고대 세계에서는 동성애가 주로 신전매춘 혹은 연장자가 어린 사람을 성적으로 이용하는 문제였다고 말하는 것도 그 답은 아니다. 비록 이 두 경우가 아주 보편적이긴 했지만 말이다. 네로의 예에서도 알 수 있듯이, 동성 '결혼'도 없지 않았다. 플라톤은 남자들 사이에서 이루어지는 진지하고도 지속적인 사랑에 대해 긴 토론을 제공한다. 현대 세계는 이러한 현상에 다양한 명칭을 갖다 붙인다.('동성애자'를 최근에는 게이와 레즈비언으로 구분하기도 한다.) 이 불명확한 명칭들은 광범위한 정서와 행위를 담고 있는데, 이러한 현상이 최근에 와서야 나타났을 뿐이라는 생각은 어수룩한 것이다.

그렇다면 바울의 요점은 단순히 '우리 유대인은 이것을 용인하지 않는다.'라거나 '이런 관계는 언제나 불평등하고 착취적이다'라는 것이 아니다. 그의 요점은 '이것은 남성과 여성이 만들어진 목적과 다르다'는 것이다. 그는 동성에게 성적 매력을 느끼는 모든 사람이나 실제 동성애 관계에 있는 모든 사람이 반드시 구체적인 우상숭배 행위를 범해서 그 지경에까지 이르렀다고는 주장하지 않는다. 또한 그런 상황에 빠진 모든 사람이 이성 관계의 가능성을 고의적으로 포기해서 그 지경에 이르렀다고 가정하지도 않는다. 본문을 그런 식으로 읽는 것은 바울의 더 크고 포괄적인 관점보다는 근대 개인주의의 영향이다. 바울은 오히려 인류 전체에 대해 말하고 있다. 바울의 요점은 '저기에 이런 메스꺼운 짓거리를 하는 예외적으로 사악한 사람들이 더러 있다'는 것이 아니다. '남성과 여성의 결합이라는 창조자의 의도에 대한 명백한 왜곡이 세상에서 벌어진다는 사실이 곧 인류 전체가 본성을 왜곡하는 우상숭배의 죄에 빠져 있음을 가리킨다'라는 것이 바로 바울의 요점이다. 그는 동성애 관행을 인간 세계 전체가 고장 났음을 말해 주는 표지로 본다.[5]

톰 라이트의 주장은 이렇습니다. 하나님이 인간을 남자와 여자로 만드셨고, 그 남자와 여자가 결합하여 하나님의 창조 세계를 풍성하게 해야 한다는 것입니다. 인간만이 아니라 동물도 수컷과 암컷의 결합으로 창조 세계를 풍성하게 해야 한다는 것입니다. 이것이 하나님의 창조 의도입니다. 그렇기에 바울은 인간의 죄악에 대한 진술을 시작할 때, 첫 번째 사례로 동성 간 성관계를 언급한다고 합니다. 동성 간 성관계는 남자와 여자(수컷과 암컷)라는 상보성의 원리에 따라 창조 세계를 풍성하게 해야 한다는 창조 원리를 위반하는 것이고 이러한 위반은 전체 인류와 세계가 고장났음을 보여주는 표지라는 것입니다.

제가 톰 라이트의 주장에 반론을 제기할만한 실력이 되지 않

---

5 톰 라이트 『모든 사람을 위한 로마서 1』 IVP, 44-47쪽.

아 그의 주장에 반론을 펴는 것이 매우 조심스럽습니다마는 그래도 몇 가지 반론을 해보려고 합니다. 판단은 여러분의 몫입니다. 첫 번째로, 톰 라이트의 단락 구분과 저의 단락 구분이 다릅니다. 톰 라이트는 그의 책에서 로마서 1:18-23절, 24-27절을 각각의 단락으로 구별하여 해석합니다. 제가 인용한 톰 라이트의 글은 1:24-27절에 대한 해석입니다(로마서 1:18-32절의 단락 및 구조에 대한 제 설명은 지난번 설교를 참고하시기 바랍니다.).

로마서 1:18-32절은 불경건과 불의가 무엇인가를 세 번에 걸쳐서 설명합니다. 1:19-24절, 25-27절, 28-32절로 단락을 나눌 수 있는데, 각 단락마다 하나님과의 어그러진 관계를 설명하고 그에 따라 여러 가지 불의가 생겼다고 이야기합니다. 그런데 톰 라이트는 24절부터 27절을 하나의 단락으로 보고, 24절에 나오는 '서로의 몸을 욕되게 하였습니다'라는 구절을 자연스럽게 동성 간 성행위로 해석합니다. 이렇게 이야기합니다. '이것은 바울이 인간 생명의 타락을 예시하는 첫째 사례로서 바로 동성애 행위를 들었다는 당황스런 사실을 설명하는 데 도움이 된다. 바울이 이 특정 행위를 목록 맨 위에 둔 이유는 도대체 무엇이겠는가?'

그러나 24절이 동성 간 성행위를 표현하는 것인가로 해석하는 데는 의문의 여지가 있습니다. 제가 복음주의권에서 권위 있게 사용되는 제임스 던이나 크랜필드 등의 주석을 여러 차례 확인해 보았습니다마는 이 구절을 동성 간 성행위로 해석하지 않습니다. 24절을 동성 간 성행위로 해석할 정당한 이유는 전혀 없습니다. 단지 26, 27절에 구체적인 동성애적 성행위가 나오니까 당연히 24절도 동성 간 성행위일 것이라고 해석을 하는 것 같은데, 24절 자체는 그러한 해석을 지지하는 것 같지 않습니다. 오히려 24절을 성에 대한 포괄적인 타락으로 보는 것이 타당합니다. 이성애이든지 동성애이든지 간에 하나님이 창조한 의도대로 성이 사용되는 것이 아니라 왜곡되고 남용되는, 우상숭배적 탐닉으로 전락한 성적 행동에 대한 이야기라고 보는 것이 타당합니다.

톰 라이트는 24절을 동성 간 성행위로 단정 짓고, 인류가 하나님과 어그러진 것의 첫 번째 사례를 동성 간 성행위라고 하고, 바울이 동성 간 성관계를 전체 인류가 고장난 표지로 보았다는 것입니다. 그러나 저는 그렇게 보지 않습니다. 24절은 이성애이든지 동성애이든지 간에 인류의 성이 하나님의 창조 의도와 어긋났다는 것입니다. 24절에서 이야기하는 성행위는 특정 성행위(동성섹스)에 대한 것이 아니라 이성 간 성관계, 동성 간 성관계를 포함한 것입니다. 그리고 26-27절에서 바울은 24절의 이야기를 구체화하고 발전시켜서 이야기합니다. 24절에서 '서로의 몸을 욕되게 하였습니다'라고 하는 것이고, 그렇다면 어느 정도까지, 도대체 어느 정도까지 인간이 성적으로 타락했는가, 성적으로 우상숭배적 탐닉을 하는가? 이성애적 관계라는 본성, 자연스러움을 버리고 동성애적 성관계라는 자연스럽지 못한, 본성에 어긋나는 일을 하였다는 것이 26-27절의 이야기입니다. 그러고 나서 29절 이하에서는 인간 사이에서 벌어지는 여러 가지 불의한 일들을 열거합니다.

바울의 인식 구조에서 본성으로서의 동성애, 자연적인 것으로서의 동성애/동성애자는 아마도 없었을 것입니다. 그는 당시 대부분의 유대인들이 그러했듯이 이성애적 관계를 자연스러운 것, 본성으로 여겼습니다. 오늘날의 관점에서 이야기하자면 이성애/이성애자인 것입니다. 그런데 그러한 이성애자가 자신의 성지향성(본성, 자연스러운 것)을 버리고, 혹은 바꾸고 동성과 성관계를 한다는 것은 창조주의 의도와 어긋나는, 즉 본성에 반하는 행동이라고 여긴 것입니다. 바울이 정죄하는 것은 바로 이것입니다(물론 로마시대에 동성애적 행위에 빠진 사람들을 모두 이성애자라고 하는 것은 아닙니다. 그중에는 동성애자도 있고 양성애자도 있을 것입니다. 이성애자도 있을 것입니다. 그러나 바울은 이러한 구분을 하지 않습니다. 당시에는 이러한 지식이 없었습니다.).

그러므로 톰 라이트의 주장처럼 동성 간 성행위가 인류가 전체적으로 고장났다는 표지라고 할 수는 없는 것입니다. 인류가 전체적으로 고장났다는 표지는 동성애이든지 이성애이든지 간에 성의 왜곡입니다. 우상숭배적인 성적 탐닉입니다. 즉 동성애 자체가 아니라 우상숭배적인 성적 탐닉이 인류가 전체적으로 고장났다는 표지입니다.

그 다음에 또 하나 하고 싶은 이야기는 이것입니다. 톰 라이트는 바울이 창세기 1-3장의 기사를 근거로 로마서 1장을 썼을 것이고, 바울이 1장에서 동성 간의 성행위를 정죄하는 것은 로마 사회의 성적 타락이라는 상황 때문이라기보다는 좀 더 포괄적으로 동성 간 성행위가 창조 기사에 나타난 하나님의 뜻과 어긋나고 그러기에 전체 인류가 망가졌다는 표지로 이야기한다고 합니다.

그러나 바울이 로마제국의 수도 로마에 있는 교회에 편지를 보내면서 로마의 사회상을 염두에 두지 않았을까요? 톰 라이트는, 바울의 의중에 조금이나마 있었다고 볼 수는 있지만 그것이 핵심 요점은 아니라고 합니다. 그러나 만약에 톰 라이트의 주장처럼 바울이 동성 간 성행위를 세계가 고장난 표지로 보았다면 그것은 매우 중요한 사항이고 바울의 다른 편지에서도 비중 있게 다루었을 것입니다. 즉 바울이 로마서에서 동성 간 성행위를 정죄한 이유가 로마의 어떤 성적 타락상을 고발하는 것이라기보다는 세상이 망가진 보편적인 표지라고 보았다면 다른 서신서에서도 이 부분을 언급을 했을 것입니다. 그러나 동성 간 성행위에 대한 분명한 언급은 로마서밖에 없습니다. 그렇다면 바울이 로마서에 보내는 편지에서 동성 간 성행위에 대한 비판을 한 이유는 로마의 특수한 상황, 즉 로마제국 상층부 사회의 성적인 타락, 이성애적 성향을 버리거나 바꿔서 의도적으로 동성 간 성적 탐닉에 빠진 것이 주된 이유라고 보는 것이 합리적인 이해가 아닐까요? 그렇다면 당시 로마의 동성 간 성관계 관행이 어떻게 이루어졌는지, 바울이 염두에 두었을 그때의 동성 간 성관계 관행과 오늘날의 동성애가 어떤 차이가 있는지, 그에 따라 로마서 1장에서 이야기하는 동성 간 성행위에 대한 비판이 오늘날의 동성애자에 대한 무조건적인 비판에 사용될 수 있는지 의문을 제기하는 것이 합당한 것이 아닐까요? 톰 라이트는 이러한 접근을 근대 개인주의의 영향이라고 이야기를 하지만 오히려 이러한 접근이 당대의 시대, 문화, 사회 배경을 고려해야 한다는 성경 해석의 중요한 원칙에 충실한 것이 아닐까 생각합니다.

저는 톰 라이트의 견해가 엉터리라고 생각하지는 않습니다. 그러나 저는 톰 라이트의 견해를 하나의 해석으로서 존중할 수는 있지만 제가 이야기한 해석이나 주장을 철회할 정도로 설득력 있다고 보지는 않습니다. 그렇다고 제 의견이 절대적으로 옳다라고 단정 짓는 것은 아닙니다. 다만 이러한 해석도 하나의 가능성 있는 해석이라는 것입니다. 그리고 저는 톰 라이트의 해석보다는 제가 주장하는 해석이 좀 더 타당하다고 생각합니다. 그러나 그 어떤 해석도 절대적이지 않다는 것을 염두에 둔다면 우리는 서로 다른 해석, 그로 인한 차이에도 불구하고 서로 존중할 수 있을 것입니다.

오늘날 기독교 내에서 벌어지는 동성애 논쟁에서 가장 중요한 핵심은 성경 해석이 아닙니다. 성경 해석보다는 자신과 다른 성경 해석을 하는 사람에 대한 존중, 경청입니다. 자신과 다른 해석을 하는 사람들의 인격과 존재 자체에 대한 인정입니다. 오늘날 기독교 내에서 벌어지는 동성애 논쟁은 이런 것이 전적으로 결여되어 있습니다. 정죄나 혐오의 감정 이외에는 없습니다. 정죄와 혐오의 감정을 무식하게 드러내느냐, '사랑'이라는 모습으로 세련되게 포장을 해서 드러내느냐의 차이만 있을 뿐입니다. 이것은 성경 해석 이전에 인간으로서 갖추어야 할 기본적인 성품, 하나님의 형상대로 창조된 인간이 가져야 할 근본적인 성품의 부재인 것입니다. 성경 해석보다 천만 배 더 중요한 것입니다. 성경 해석은 인간으로서의 기본적인 소양을 갖춘 다음에 해야 할 일입니다.

오늘날 기독교는 종말론, 구원론, 기독론, 신론, 교회론, 그리고 하나님의 절대주권과 인간의 자유의지에 관한 첨예한 해석에서 첨예하게 대립하면서도 서로 정죄하지 않습니다. 그런데 동성애에 관한 문제에서만큼은 아닙니다. 동성애에 관한 성경 해석이 종말론, 구원론, 기독론. 성령론에 관한 해석보다 더 중요하고 근본적으로 사활이 걸린 문제입니까? 그런데 그러한 차이에 대해서는 넉넉하게 받아주고 인정하면서도 동성애에 관한 해석은 그렇게 하지 못합니다. 그 이유가 무엇일까요? 이전에도 이야기했지만, 혐오의 감정 때문인 것 같습니다. 저는 기독교인들이 성경 해석의 문제로 동성애 문제를 풀기 이전에 혐오의 문제를 먼저 풀어야 하지 않을까 합니다. 혐오의 감정이 개입되어 있으면 그 어떤 해석도 그 혐오의 감정에서 자유로울 수 없습니다.

독일의 신학자이자 설교자인 헬무트 틸리케는 『성 윤리학』(새물결플러스)에서 칼 바르트의 동성애자에 대한 편견을 비판하면서 칼 바르트가 동성애자들과 직접적인 접촉 기회를 갖고 그들에 대한 목회적인 관심을 계속해 가질 수 있었다면 동성애에 대한 부당한 편견은 없었을 것이라는 이야기를 했습니다. 즉 동성애자에 대한 혐오의 감정을 해결해야 동성애와 동성애자에 대한 이해가 가능하다는 것입니다. 어쩌면 여러분이 이 일련의 설교들을 큰 거부감 없이 듣는 이유는 그 혐오의 감정에서 어느 정도

벗어났기 때문일 것입니다. 이런 맥락에서 저는 여러분들이 인간에 대한 이해에서 그 어떤 기독교인보다 한걸음 더 앞서가고 있다고 생각하며 그러기에 존경과 감사를 표합니다.

고린도전서 6:9-10절, 디모데전서 1:9-10절

성의 남용

9 불의한 사람들은 하나님 나라를 상속받지 못하리라는 것을 알
지 못합니까? 착각하지 마십시오. 음행을 하는 사람들이나, 우상
을 숭배하는 사람들이나, 간음을 하는 사람들이나, 여성 노릇을
하는 사람들이나, 동성애를 하는 사람들이나,
10 도둑질하는 사람
들이나, 탐욕을 부리는 사람들이나, 술 취하는 사람들이나, 남을
중상하는 사람들이나, 남의 것을 약탈하는 사람들은, 하나님 나
라를 상속받지 못할 것입니다.(고전 6:9-10절)

9 율법이 제정된 것은, 의로운 사람 때문이 아니라, 법을 어기는
자와, 순종하지 않는 자와, 경건하지 않은 자와, 죄인과, 거룩하지

> 않은 자와, 속된 자와, 아비를 살해하는 자와, 어미를 살해하는 자와, 살인자와, 10 간음하는 자와, 남색하는 자와, 사람을 유괴하는 자와, 거짓말하는 자와, 거짓 맹세를 하는 자와, 그 밖에도, 무엇이든지 건전한 교훈에 배치되는 일 때문임을 우리는 압니다.(딤전 1:9-10절)

오늘 살펴볼 구절은 고린도전서 6:9절과 디모데전서 1:10절입니다. 이 구절들에 대한 해석은 다니엘 헬미니악이 쓴『성서가 말하는 동성애』(해울)라는 책을 주로 참고했습니다. 관심이 있는 분들은 그 책을 한번 읽어 보면 좋을 것 같습니다.

고린도전서 6:9절의 '여성 노릇을 하는 사람들이나, 동성애를 하는 사람들이나'라는 표현과 디모데전서 1:10절의 '남색하는 자'라는 단어가 정확히 무엇을 의미하는지는 불분명합니다. 여기서 사용된 헬라어는 '말라코이(malakoi)'와 '아르세노코이타이(arsenokoitai)'라는 단어입니다. 고린도전서 6:9절에는 이 두 단어가 같이 사용되었고, 디모데전서에서는 아르세노코이타이만 사용되었습니다. 새번역은 고린도전서 6:9절에서 말라코이를 '여성 노릇을 하는 사람들'로, 그리고 아르세노코이타이를 '동성애를 하는 사람들'로 번역했습니다. 디모데전서 1:10절에서는 아르세노코이타이를 '남색하는 자'로 번역을 했습니다. 즉 같은 단어를 고린도전서에서는 '동성애를 하는 사람들'로 번역하고, 디모데전서에서는 '남색하는 자'로 번역한 것입니다. 개역개정은 고린도전서에서는 이 두 단어를 '탐색하는 자'와 '남색하는 자'로 번역했고 디모데전서에서는 아르세노코이타이를 '남색하는 자'로 번역을 했습니다.

현대의 다양한 영어성경에서도 이 단어들을 각기 다르게 번역합니다. 말라코이는 '미동, 계집애처럼 유약한 자, 소년 남창, 여성스러운 남자, 방종한 자, 수음을 하는 자' 등으로 번역되고, 아르세노코이타이는 '동성연애자, 남색하는 자, 아동 성범죄자, 변태, 변태 동성연애자, 변태 성욕자, 파렴치한 습관을 가진 자들'로 번역됩니다. 그런데 이렇게 번역한 말라코이와 아르센코이타이는 뜻이 매우 불명확해서 구체적으로 무엇을 뜻하는지 알기 어렵습니다. 확실한 것은 말라코이(새번역에서는 '여성노릇을 하는 사람들', 개역개정에서는 '탐색하는 자'로 번역했습니다.)는 동성 간 성관계를 의미하지 않는다는 것이고, 아르세노코이타이는 남성 동성 간 성관계를 의미하는 언급일 가능성이 있습니다. 그러나 어떤 동성 간 성관계인가, 모든 동성애적 성관계를 뜻하는 것인가, 아니면 문란하고 무책임하고 착취적인 남성 간 성행위인가에 대해서는 해석이 갈립니다.

우선 말라코이라는 단어를 살펴보겠습니다. 말라코이의 문자적 의미는 '부드럽다'는 뜻입니다. 이 단어는 마태복음 11:8절에서도 사용되었는데, 한번 찾아보기 바랍니다.

> 아니면, 무엇을 보러 나갔더냐? 화려한 옷을 입은 사람이냐? 화려한 옷을 입은 사람은 왕궁에 있다.

'화려한'으로 번역된 단어가 말라코스(말라코이는 복수형)입니다. 가난한 사람들의 옷은 거칠고, 부자들의 옷은 부드럽지 않습니까? 그래서 새번역은 '화려한'으로 의역한 것입니다. 문자적인 뜻은 '부드러운'입니다. 그런데 이 '부드럽다'는 말이 고대 세계에서는 때때로 남자를 얕보면서 동시에 여성을 비하하는 데 쓰였습니다. 그래서 남자들을 비하할 때, '계집애처럼 유약한' 혹은 '여자 같은' 식의 의미로 사용된 것 같습니다. 분명히 말라코이는 '여성스러운'이라는 말로 번역될 수 있습니다. 그래서 새번역은 '여성 노릇을 하는 사람들'로 의역을 한 것이지요.

그러나 이 단어가 동성애와 관련되었다는 증거는 없습니다. 이것을 동성애와 관련지어서 해석하는 것은 '부드럽다, 나약하다'는 것과 동성애와 동성애자는 긴밀하게 연결되어 있다는 편견입니다. 그런데 고대 세계에서는 나약함이나 부드러움이 결코 남성 간 성교와 관련되어 있지는 않았습니다. 말라코이는 다양한 용도로 사용되었는데, 예를 들면 여자들을 유혹하려고 몸치장하는 남자들이나 게으르고 무절제하고 방종한 남자들에게도 쓰였습니다. 오늘날 식으로 표현하면 기생오라비 정도 되는 뜻이지요. 게다가 어떤 구절들에서는 '씩씩한'이나 '남자다운'과 대조를 이루는 말로 말라코이가 쓰여 '훈련을 받지 않은, 약한' 등으로도 번역되었습니다. 결론적으로 말라코이는 결코 동성 간 성행위를 가리키는 말이 아닙니다. 그것은 우리말 성경인 개역(탐색하는 자로 번역)이나 새번역(여성노릇을 하는 사람들로 번역)도 취하는 입장입니다.

그 다음으로 문제가 되는 것이 아르세노코이타이입니다. 이 단어는 고린도전서와 디모데전서에만 나옵니다. 고대의 다른 문헌에서도 여섯 군데서만 발견되는데, 거의 언제나 악덕을 열거한 목록에서 나온다고 합니다. 그런데 이 단어가 구체적으로 무엇을 의미하는지는 명확하지 않습니다. 이 단어는 두 부분으로 된 복합어입니다. '아르세노'는 남자들, 곧 사내들을 뜻합니다. '코이타이'는 침실이나 침대를 뜻하는 단어에서 나왔으며 누군가와 '동침하는' 것, 즉 성행위를 뜻합니다. 더 정확히 말하면 성교를 할 때 능동적인 상대, 즉 삽입하는 사람을 가리킵니다. 그래서 아르세노코이타이를 문자적으로 번역하면 '남자와 동침하는 자, 남자에게 삽입하는 자'입니다. 그런데 뜻이 분명하지가 않습니다. 아르세노코이타이라는 단어가 대상이 남자든 여자든 성교하는 남자라는 뜻인지, 아니면 남자들과 성교를 하는 남자라는 뜻인지 분명하지가 않습니다. 어쨌든 아르세노코이타이가 성관계에서 능동적인 역할을 하는 남자를 뜻하는 것만은 분명한데, 그 대상이 남자에 국한되는지, 아니면 남녀 모두에게 해당되는지는 분명하지 않다는 것입니다.

그래서 학자마다 의견이 다릅니다. 대체적으로 보수적인 입장에 있는 성경학자들은 이 단어를 '동성애자'로 해석하지만, 어떤 학자들은 '남창', '학대적이며 착취적인 동성 간의 성관계' 등으로 해석합니다. 즉 이 단어는 뜻이 명확하지 않아서 이러저러한 해석이 가능하다는 것입니다. 그러기에 이렇게 '불명확한 것'을 가지고 너무도 '분명하게' 동성애자를 정죄하는 것은 합당한 일이 아닙니다.

헬미니악은 『성서가 말하는 동성애』에서 고린도전서 6:9절과 디모데전서 1:10절이 주는 교훈을 이렇게 이야기합니다. 제가 읽어드리겠습니다.

> 오늘날 남성 간 섹스와 관련해 고린도전서 6:9절과 디모데전서 1:10절이 주는 긍정적인 가르침은 무엇일까? 성서가 매춘이나 근

친상간, 간음에 대해 반대한다고 해서 남녀 간의 섹스 자체를 금한다고 말하지는 않는다. 성서가 시종일관 반대하는 것은 바로 이성애의 남용이다. 이와 마찬가지로 설령 '아르세노코이타이'가 정말로 남성 간 섹스를 가리킬지라도 이 구절들이 남성 간 성행위 자체를 금하는 것으로 볼 수는 없다. 기원 후 1세기에 그리스어를 쓰는 유대-그리스도교에서 '아르세노코이타이'는 아마도 남자들 사이의 착취적이고 음탕하며 방자한 섹스를 가리켰을 것이다. 그러므로 성서 구절들이 반대하는 내용 역시 남성 사이에 일어나는 성행위 전체가 아니라 바로 그러한 동성애의 '남용'에 대한 반대인 것이다. 성문제 전반에 걸쳐서 성서가 요구하는 것은 상호 존중과 보살핌, 책임있는 나눔이다. 함축적인 말로 하면 바로 사랑을 요구하고 있는 것이다. 그러므로 성서가 단죄하는 것 역시 섹스 일반이 아니라 이것들에 대한 위배다. 고린도전서 6:9절과 디모데전서 1:10절에 나오는 교훈은 이 원칙이 이성애와 동성애에게 똑같이 적용된다는 것을 알려주는 것이다.[6]

그렇다면 고린도전서 6:9절과 디모데전서 1:10절을 어떻게 해석하는 것이 가장 타당한 것일까요? 메시지라는 번역성경이 있습니다. 목회자이면서 신학자이며 기독교 저술가인 유진 피터

6 다니엘 헬미니악 『성서가 말하는 동성애』 해울, 167쪽.

슨이 번역한 성경입니다. 직역은 아니고 현대 언어와 문화에 어울리게 번역한 것으로, 해석에 가까운 번역이라고 할 수 있습니다. 한국어로도 번역되었습니다. 저는 메시지의 고린도전서 6:9절과 디모데전서 1:10절의 번역 혹은 해석이 현재로서는 가장 타당하다는 생각이 듭니다. 제가 읽어드리겠습니다. 메시지는 절 구분을 하지 않고 소단락으로 분류해서 번역을 했기에 이 구절들이 속한 소단락을 같이 읽겠습니다. 메시지 성경으로 고린도전서 6:9-11절과 디모데전서 1:8-11절입니다.

> 여러분은 이것이 살길이 아니라는 것을 알지 못합니까? 하나님께 마음을 두지 않은 불의한 자들은 그분의 나라에 들어가지 못할 것입니다. 서로를 이용하고 악용하는 자들, 성을 이용하고 오용하는 자들, 땅을 이용해 먹으면서 땅과 거기에 있는 모든 것을 착취하고 남용하는 자들은 하나님 나라의 시민이 될 자격이 없습니다. 여러분 가운데 상당수는 내가 무엇을 두고 말하는지 경험으로 알 것입니다. 얼마 전까지만 해도 여러분이 그렇게 살았으니 말입니다. 그러나 그 이후로 여러분은 우리 주님이시며 메시아이신 예수와, 우리 안에 계신 하나님 곧 성령으로 말미암아 깨끗해졌고 새로운 출발을 하게 되었습니다.(고전 6:9-11절)

도덕적 지침과 조언이 필요하기는 하지만, 그 내용만큼이나 필요한 사람에게 제대로 전해 주는 것이 중요합니다. 율법은 책임을 다하며 사는 사람들 때문이 아니라 무책임한 사람들, 곧 모든 권위에 도전하면서 하나님이든 생명이든 성윤리든 진리든 무엇이든지 함부로 취급하는 자들 때문에 있는 것이 분명하지 않습니까! 그들은 크신 하나님께서 내게 맡겨 주신 이 위대한 메시지를 멸시하는 자들입니다.(딤전 1:8-11절)

메시지 성경은 '성을 이용하고 오용하는 자들', '성윤리든 진리든 무엇이든지 함부로 취급하는 자들'로 번역 혹은 해석했습니다. 저는 이것이 가장 타당한 해석, 번역이라고 생각합니다.

그동안 몇 번에 걸쳐서 동성애와 관련된다고 간주되는 성경의 몇몇 구절들을 살펴보았습니다. 그러나 앞서 여러 번 이야기했듯이 동성애 문제는 논리보다는 정서가 앞서는 문제이기에 이러한 설교를 통해 동성애에 대한 혐오 혹은 부정적인 감정을 가지고 있는 사람들의 마음을 흔들 수 있으리라고는 생각하지 않습니다. 설득할 수 있다는 생각도 하지 않습니다.

IVP(한국기독학생회출판부)에서 출판한 『기독교를 믿을 수 없는 17가지 이유』(데이비드 마이어스)라는 책이 있습니다. 이 책은 불신자 혹은 무신론자들이 기독교를 비판하거나 신을 부인하는 여러 가지 이유들을 17가지로 분류하고 그에 대해 일일이 성실하게 답변하는 형식으로 되어 있습니다. 무신론자들을 위한 기독교 변증이라고 할 수 있습니다. 이 17가지 중에서 '기독교는 성 소수자들에 대해 편견이 있잖아요!'라는 항목이 있습니다. 이 글에서 저자는 기독교가 동성애를 반대하지 않는다고 이야기합니다. 오히려 책임 있는 동성애 관계를 수용해야 한다고 이야기합니다. 저자는 과학적 근거를 들어서 성적 성향은 환경이나 문화 등에 의해 바뀔 수 있는 것이 아니며 개인의 의지나 어떤 심리적, 종교적 치료로 바꿀 수 없다고 이야기합니다. 성경이 정죄하는 동성애는 동성애 자체가 아니라 우상숭배, 신전 매춘, 착취 등의 관계에서 나오는 특정한 동성성교라고 합니다. 참고로 이 책을 출판한 IVP는 복음주의권에 속한 출판사입니다.

이 책에서 저자는 교회들이 더 시급하고 긴급한 문제들이 산적해 있음에도 불구하고 성경이 별로 언급하지 않는 동성애에 집착하는 이유를 이렇게 설명합니다. 조너선 헤이트라는 사회심리학자의 연구를 근거로 이렇게 이야기합니다. 제가 읽어드리겠습니다.

> 버지니아대학 사회심리학자인 조너선 헤이트는 교회가 현재 집착하는 문제를 두고 한 가지 설명을 내놓습니다. 그의 연구에 따르면,

이성으로 도덕적 판단을 내리는 합리주의적 사고는 역방향으로 이루어집니다. 도덕적 문제에 대해 즉각적이고 직감적인 판단을 내린 뒤에 그것을 합리화하는 것입니다(감정이 사고를 자극하는 또 하나의 예입니다.). 그가 발견한 바로는, 국기로 변기를 닦는 행위처럼 객관적으로는 무해하지만 품위가 없는 행동을 보았을 때 많은 사람이 즉각적으로 혐오감을 느끼고, 그 도덕적 직관을 뒷받침할 도덕적 근거를 분주히 끌어 모읍니다. 일단 감정이 앞서고, 그 다음에 합리화가 온다는 뜻이지요.

최근 연구에서도 편견은 두뇌의 정당화에서 나온다기보다는 자동적이고 직감적인 반응에서 나오며 나중에 그것을 정당화 한다는 사실이 밝혀졌습니다. 이성은 흔히 감정의 노예가 되곤 합니다. 그러다보니 도덕적 추론은 직관으로 느낀 바를 다른 사람에게 설득하는 것이 되어 버리는데, 과거에도 이런 식으로 흑인과 여성을 종속시킨 근거를 성경에서 애써 찾아내려 했습니다. 헤이트의 연구를 볼 때, 동성애자 친구를 둔 사람이 포용력이 높고 동성애자 권리와 동성혼을 더욱 지지한다는 설문조사 결과가 이해가 갑니다(공감이 혐오를 대체하면서 합리화에 변화가 생기는 경우입니다.). 그리고 동성애 반대 글을 쓰는 사람들은 동성애 혐오 정도가 여성보다 심한 남성이 대부분이라는 사실도 어쩌면 당연한 일입니다.[7]

---

7 데이비드 마이어스 『기독교를 믿을 수 없는 17가지 이유』 IVP, 94-5쪽.

그러기에 저는 이 일련의 설교가 동성애를 정죄하거나 인정하지 않는 기독교인들을 설득할 수 있으리라고는 생각하지 않습니다. 그러나 아무리 성경을 보수적으로, 혹은 문자적으로 해석한다고 하더라도 최소한 이 정도의 생각 정도는 가능하지 않을까요?

제가 하고 싶은 이야기는 이것입니다. 저는 동성애에 관해 제가 지지하는 성경 해석이 절대적으로 옳다고 주장하는 것은 아닙니다. 제가 이야기하고 싶은 것은 성경 해석의 다양성을 동성애와 관련된 해석에서도 인정해야 일관성 있지 않겠는가입니다. 구원에 관해서 하나님의 절대주권을 주장하는 교파와 인간의 자유의지를 주장하는 교파의 해석 차이가 얼마나 양극단을 달립니까? 그렇다고 해서 성도 간 교제에서 하나님의 절대주권을 주장하는 사람들이 인간의 자유의지를 주장하는 사람들을 배제하나요? 구원에 관한 인간의 자유의지에 대한 견해를 죄악된 주장이라고 정죄하나요? 종말론, 성령론, 기독론, 그리스도의 십자가 사역에 대해서 다양한 해석과 견해 차이가 있음에도 불구하고 서로가 서로를 정죄하고 하나님의 백성됨을 부정합니까? 그렇지 않습니다. 이렇게 중차대한 교리에서도 차이를 인정한다면 성경 전체에서 겨우 몇몇 구절에 불과한 동성애와 관련된다고 간주되는 구절들을 해석할 때는 더욱더 이러한 태도를 취해야 하지 않을까요?

성서 해석의 다양성을 인정한다는 것은 모든 해석을 내가 다 믿고 받아들여야 한다는 뜻은 아닙니다. 성서 해석의 다양성을 인정한다는 것은 나와 다른 해석을 주장한다고 해서 정죄하는 것이 아니라 그 가능성을 열어두고, 판단과 정죄를 보류하고 성경이 정말 그러한가를 늘 살피는 것입니다. 그리고 설사 그 해석과 적용을 받아들이지는 않더라도 정죄하지 않고 믿음의 형제자매로서 받아들이며 믿음의 교제를 나누는 것입니다.

오늘날 동성애를 정죄하는 한국의 교회는 교회와 사도들을 핍박했던 유대의 율법교사 가말리엘의 태도에서 도움을 받을 수 있을 것 같습니다. 유대 공의회가 사도들을 잡아다가 죽이려고 하자 바리새파 사람인 율법교사 가말리엘이 이런 이야기를 합니다. 사도행전 5:35-39절입니다.

> "이스라엘 동포 여러분, 여러분은 이 사람들을 어떻게 다룰지 조심하십시오. 이전에 드다가 일어나서, 자기를 위대한 인물이라고 선전하니, 약 사백 명이나 되는 사람들이 그를 따랐소. 그러나 그가 죽임을 당하니, 그를 따르던 사람들은 모두 다 흩어져 없어지고 말았소. 그 뒤에 인구 조사를 할 때에, 갈릴리 사람 유다가 일어나 백성들을 꾀어서, 자기를 뒤따라 반란을 일으키게 한 일이

있소. 그도 죽으니, 그를 따르던 사람들은 다 흩어지고 말았소. 그래서 지금 내가 여러분에게 말씀드리는 바는 이것이오. 이 사람들에게서 손을 떼고, 이들을 그대로 내버려 두시오. 이 사람들의 이 계획이나 활동이 사람에게서 난 것이면 망할 것이요, 하나님에게서 난 것이면 여러분은 그것을 없애 버릴 수 없소. 도리어 여러분이 하나님을 대적하는 자가 될까봐 두렵소."

이 정도의 관용과 여유도 베풀 수 없을까요? 성서의 동성애 관련 구절에 대해 상이한 해석과 적용이 가능하다면 동성애에 대한 판단의 몫은 하나님에게 넘겨드리는 것이 마땅한 태도 아닐까요? 이 정도는 가능하지 않을까요?

사도바울이 로마 교회에 보내는 편지에서 말씀하신 것을 읽어 드리는 것으로 오늘 설교를 마치고자 합니다.

그러니 이제부터는 서로 남을 심판하지 말고
도리어 형제를 넘어뜨리거나
죄짓게 하는 일은 하지 않기로 결심합시다.
주 예수를 믿는 나는 무엇이든지
그 자체가 더러운 것은 하나도 없고

다만 더럽다고 생각하는 사람에게만

더럽게 여겨진다는 것을 알고 또 확신합니다.

(로마서 14:13-14절)

기도합시다.

사랑으로 나타나신 하나님,

하나님은 존재하십니다. 그리고 우리는 하나님이 아닙니다. 하나님은 무한하지만 우리는 유한하고, 하나님은 지혜롭지만 우리는 무지하고, 하나님은 전능하지만 우리는 무능합니다. 하나님은 창조주이고 우리는 피조물입니다.

그러기에 우리에게 하나님의 사랑과 은혜, 가르쳐주심이 필요합니다. 늘 우리는 알지 못한다는 것을 고백하며 배울 수밖에 없습니다.

우리는 자주 하나님의 자리에 앉고 싶은 유혹을 받고, 간혹 그 유혹에 넘어갑니다. 알지 못하면서도 다 아는 것처럼 판단하고, 어리석으면서도 지혜자의 자리에 앉아서 세상과 사람을 판단합니다.

우리가 하나님이 아니라는 것을, 우리는 하나님이 창조한 무수한 것 중의 하나라는 것을 잊지 말게 하소서. 세상을 우리가 다 알 수 없으며, 창조의 신비를 다 꿰뚫을 수 없으며, 하나님이 그리하신 것을 다 설명할 수 없음을 알게 하소서.

오직 우리에게 사랑만이 남게 하소서. 하나님의 자리에 오르지 않으면서도 하나님과 함께 할 수 있는 유일한 길인 사랑의 길을 우리에게 가르치사 우리가 세상을 사랑으로 살게 하옵소서.

하나님의 사랑으로 나타나신 우리 주 예수 그리스도의 이름으로 기도합니다. 아멘.

창세기 1:26-31절

생육과 번성 1

26 하나님이 말씀하시기를 "우리가 우리의 형상을 따라서, 우리의
모양대로 사람을 만들자. 그리고 그가, 바다의 고기와 공중의 새
와 땅 위에 사는 온갖 들짐승과 땅 위를 기어다니는 모든 길짐승
을 다스리게 하자" 하시고, 27 하나님이 당신의 형상대로 사람을
창조하셨으니, 곧 하나님의 형상대로 사람을 창조하셨다. 하나님
이 그들을 남자와 여자로 창조하셨다. 28 하나님이 그들에게 복
을 베푸셨다. 하나님이 그들에게 말씀하시기를 "생육하고 번성하
여 땅에 충만하여라. 땅을 정복하여라. 바다의 고기와 공중의 새
와 땅 위에서 살아 움직이는 모든 생물을 다스려라" 하셨다. 29 하
나님이 말씀하시기를 "내가 온 땅 위에 있는 씨 맺는 모든 채소와

> 씨 있는 열매를 맺는 모든 나무를 너희에게 준다. 이것들이 너희
> 의 먹거리가 될 것이다. **30** 또 땅의 모든 짐승과 공중의 모든 새와
> 땅 위에 사는 모든 것, 곧 생명을 지닌 모든 것에게도 모든 푸른
> 풀을 먹거리로 준다" 하시니, 그대로 되었다. **31** 하나님이 손수 만
> 드신 모든 것을 보시니, 보시기에 참 좋았다. 저녁이 되고 아침이
> 되니, 엿샛날이 지났다.

그동안 성경에 나오는 동성애 관련 구절들을 살펴봤습니다. 오늘부터 3주 동안은 창세기에 나오는 하나님의 창조, 특히 사람을 남자와 여자로 창조하신 것이 무엇을 의미하는지, 그리고 이것이 단지 남녀 간 결혼에 대한 이야기로만 국한할 수 있는지, 아니면 남녀 간 결혼을 넘어서는 어떤 것이 있는지를 살펴보려고 합니다.

이 설교는 제가 2000년에 홍○○ 형제와 이○○ 자매의 결혼기념 사경회에서 했던 설교입니다. 2000년에 본 교회의 전신인 화요성경공부 회원들과 같이 사경회를 했습니다. 그때 홍○○ 형제가 결혼식 주례를 부탁했고 제가 거절했는데, 아쉬웠던지 엠티를 제안하고, 거기에서 이런저런 이야기를 해달라고 요청했습니다. 그래서 결혼식이 끝나고 나서 곧바로 일박이일로 사경회를 가졌고, 거기에서 제가 몇 시간 동안 이런저런 이야기를 했

습니다.

그 설교를 다시 한번 몇 주간 하려고 합니다. 이유는 그때 상당히 에둘러 표현했던, 암시적으로 표현했던 것을 이제는 드러내놓고 표현할 수 있는 상황이 되었고, 그동안 몇 주 동안 했던 동성애 연속 설교와도 관련이 있기 때문입니다. 그리고 이 설교가 본 교회의 잉태기에 했던 것인데, 이제 십년이 지난 시점에서 다시 한번 살펴봄으로 현재 우리가 어떤 방향으로 가야 할지에 대한 고민을 다시 한번 해보고자 하는 의도도 있습니다.

창세기 1:27-28절을 읽도록 하겠습니다.

> 하나님이 당신의 형상대로 사람을 창조하셨으니, 곧 하나님의 형상대로 사람을 창조하셨다. 하나님이 그들을 남자와 여자로 창조하셨다. 하나님이 그들에게 복을 베푸셨다. 하나님이 그들에게 말씀하시기를 "생육하고 번성하여 땅에 충만하여라. 땅을 정복하여라. 바다의 고기와 공중의 새와 땅 위에서 살아 움직이는 모든 생물을 다스려라" 하셨다.

하나님이 당신의 형상대로 남자와 여자를 만드시고 그들에게 말씀하시기를 "생육하고 번성하여 땅에 충만하여라. 땅을 정복하여라. 바다의 고기와 공중의 새와 땅 위에서 살아 움직이는 모든 생물을 다스려라"라고 하십니다. "생육하고 번성하여 땅에 충만하라."는 하나님의 명령은 창세기를 관통하는 핵심 구절입니다. 그리고 성경의 큰 주제라고 할 수 있는 '하나님 나라'를 이해하는 데 중요한 구절입니다.

창세기 2:1-3절을 보시면 하나님이 하늘과 땅과 그 가운데 있는 모든 것을 다 이루셨다고 한 후에 7일째 되는 날 안식하셨다고 합니다. 하나님이 안식하셨다는 의미는 하나님이 천지를 만드시고 나서 피곤하셔서 쉬셨다는 의미가 아닙니다. 하나님이 6일간 천지를 창조하신 그 창조 사역의 온전함을 이야기하는 것입니다. 하나님이 창조하신 세계는 하나님이 보시기에 심히 좋았다고 할 만큼 온전한 세상이었습니다. 그것 자체가 선입니다. 세상 자체가, 피조물 자체가 선이었습니다.

그런데 창세기 1:27-26절에 첫 사람들에게 내리신 "생육하고 번성하여 땅에 충만하여라."라는 명령은 하나님이 보시기에 심히 좋았던 온전한 창조 세계를 대상으로 내리시는 명령입니다. "생육하고 번성하여 땅에 충만하라."는 명령은 하나님이 창조한 세계가 미완성품이거나 결핍된 것이 있어서 인간들에게 그것을 완성하라는 뜻으로 내린 명령이 아닙니다. 즉 수선하고 보완하라는 차원의 명령은 아닙니다.

하나님이 사람들에게 준 "생육하고 번성하여 땅에 충만하라."는 명령은 하나님이 창조하신 창조 세계를 온전히 누리라는 명령입니다. "생육하고 번성하여 땅에 충만하라."는 것의 일차적인 뜻은 양적인 증가일 것입니다. 그러나 단순히 양적인 증가만을 이야기하는 것이 아니라 하나님이 창조한 생명의 풍성함을 충만히 누리는 것이기도 합니다.

하나님이 세상을 창조한 이유가 있을 것 아닙니까? 하나님이 나무와 동물을 만드셨을 때, 사람을 만드셨을 때, 하늘의 별과 해를 만드셨을 때, 공기와 물과 흙을 만드셨을 때 그 만든 이유와 목적이 있을 것 아닙니까? 그 이유와 목적을 충분히 드러내고 충분히 누리는 것이 곧 "생육하고 번성하여 땅에 충만"하는 것입니다. 달리 표현하면, 창조 세계를 통해서 하나님의 영광이 드러나고 하나님의 속성이 온전히 인간들에게 학습되고, 사람들과 피조물을 통해서 하나님의 생명의 풍성함, 생명의 온전함이 드러나는 것입니다. 하나님의 창조 세계를 통해서 사람들이 하나님에 대해서 온전히 알고 하나님과 인격적인 차원에서 온전한 사귐의 관계를 갖는 것, 즉 영화로운 수준까지 자라가는 것, 하나님과 사랑의 사귐을 지속적으로 누리는 것입니다. 이것이 "생육하고 번성하여 땅에 충만하라."의 명령에 담겨 있는 핵심적인 내용입니다. 이것을 기억하면서 창세기 2:18-25절을 읽어보십시오.

주 하나님이 말씀하셨다. “남자가 혼자 있는 것이 좋지 않으니, 그를 돕는 사람, 곧 그에게 알맞은 짝을 만들어 주겠다.” 주 하나님이 들의 모든 짐승과 공중의 모든 새를 흙으로 빚어서 만드시고, 그 사람에게로 이끌고 오셔서, 그 사람이 그것들을 무엇이라고 하는지를 보셨다. 그 사람이 살아 있는 동물 하나 하나를 이르는 것이, 그대로 동물들의 이름이 되었다. 그 사람이 모든 집짐승과 공중의 새와 들의 모든 짐승에게 이름을 붙여 주었다. 그러나 그 남자를 돕는 사람, 곧 그의 짝이 없었다. 그래서 주 하나님이 그 남자를 깊이 잠들게 하셨다. 그가 잠든 사이에, 주 하나님이 그 남자의 갈빗대 하나를 뽑고, 그 자리는 살로 메우셨다. 주 하나님이 남자에게서 뽑아 낸 갈빗대로 여자를 만드시고, 여자를 남자에게로 데리고 오셨다. 그 때에 그 남자가 말하였다. “이제야 나타났구나, 이 사람! 뼈도 나의 뼈, 살도 나의 살, 남자에게서 나왔으니 여자라고 부를 것이다.” 그러므로 남자는 아버지와 어머니를 떠나, 아내와 결합하여 한 몸을 이루는 것이다. 남자와 그 아내가 둘 다 벌거벗고 있었으나, 부끄러워하지 않았다.

아담이 동물들의 이름을 짓습니다. 하나님이 동물들을 창조

했지만 하나님은 그들의 이름을 짓지 않습니다. 아담이 짓습니다. 이름을 짓는다는 것은 그 동물들을 온전히 안다는 의미입니다. 즉 아담은 하나님의 "생육하고 번성하라."라는 명령을 동물들의 이름을 짓는 것으로 시작합니다. 하나님은 창조하시고, 아담은 하나님의 창조물에 '이름'을 부여함으로 그 창조물의 의미를 드러냅니다.

그런데 하나님께서 아담을 돕는 사람을 만들어 주겠다고 하시면서 여자를 만듭니다. 왜 만들죠? 아담을 돕는 사람으로 만듭니다. 즉 아담이 하나님이 주신 명령 "생육하고 번성하여 땅에 충만하라."는 말씀을 온전히 수행하기 위해서 여자를 만듭니다. 하나님의 창조 세계를 통해서 온전히 드러나야 하는 것이 있는데, 그것을 위해서 여자를 창조합니다.

그런데 신기하게도 여자를 아담을 돕는 여자로 만드는데, 그들의 관계를 무엇으로 연결하는가 하면은 '결합'(결혼) 관계로 연결합니다. 단지 아담이 하는 일을 옆에서 보조해 주는 차원, 즉 종이나 혹은 친구 정도의 관계로 연결하는 것이 아니라 동등한 관계로 결합시킵니다(이 설교에서 결혼은 동등한 관계로서의 결합을 의미합니다.).

그래서 우리가 여기서 확인할 수 있는 사실은 "생육하고 번성하라."라는 명령이 온전히 드러나기 위해서는, 온전히 그 명령이 시행되어서 하나님의 창조 세계가 생육하고 번성하기 위해서는 결혼이라는 수단이 필요했다는 것입니다. 다르게 표현하자면 이 결혼 자체가 궁극적 목적이 아니라 하나님의 창조 세계를 통해서 나타나야 하는 하나님의 영광, 하나님의 성품, 하나님을 아는 지식, 혹은 하나님과의 충만한 사귐의 관계를 드러내주는 수단으로 결혼이 등장합니다.

그래서 여기서 알 수 있는 사실은, 하나님이 아담과 하와에게 주신 명령 "생육하고 번성하여 땅에 충만하라."가 시행되기 위해서 반드시 필요한 것이 있다는 것입니다. 그것은 '관계'입니다. "생육하고 번성하라."는 단지 숫자가 많아지고 무엇이 커지고 무엇이 불어나는 것으로 그 명령이 시행되는 것이 아니라 관계를 통해서 드러나야 하는 그 어떤 것이란 말입니다.

이해되시나요? 그래서 하나님이 아담을 돕는 사람을 만들면서 그들을 결혼이라는 관계로 묶어주신 것입니다. 그렇지 않다면 그저 아담의 종을 하나 만들든가, 혹은 그냥 힘센 군사를 만들든가 했을 것입니다. 그런데 결혼이라는 관계로 결합을 시킨단 말이죠. 즉 "생육하고 번성하여 땅에 충만하라."는 명령은 두 인격 이상의 관계를 통해서만 드러날 수 있는 성격을 가지고 있는 것입니다.

보수적인 성경학자들은 이 창세기 2:18-25절을 근거로 일부

일처제라는 이성애적 결혼 제도의 보편성, 혹은 절대성을 이야기합니다. 물론 이 구절들은 결혼 제도의 근간이 되는 구절이고 예수님도 이 구절을 근거로 이혼의 불가함을 가르쳤습니다. 그러나 그렇다고 해서 창세기의 이 구절들을 단지 이성애적 결혼 제도에만 국한해 해석하는 것은 상당히 협소한 것입니다. 이성애적 결혼 제도를 포함하면서 동시에 그것을 넘어서는 내용이 있습니다.

그것은 '사람은 홀로 살지 못한다는 것'입니다. 창세기 2:18-25절의 핵심 메시지는 사람은 홀로 살지 못한다는 것, 홀로 있는 것이 좋지 않다는 것, 상대방이 필요한 존재라는 것입니다. 사람의 정체성 자체는 '관계'입니다. 사람의 사람다움, 건강함, 그 생명의 풍성함은 늘 관계를 통해 이루어지고 증진되고 나타나는 것이지 홀로 있는 것으로는 불가한 것입니다. 그러므로 창세기 2:18-25절의 내용에서 사람은 서로를 필요로 하는 존재(사회적 관계, 공동체적 관계)라는 것이 핵심이지 이성애적 결혼 관계가 핵심 메시지는 아닙니다.

물론 여러 관계 유형 중에서 결혼 관계는 가장 원색적이고 강렬하고 친밀하고, 모든 관계 유형의 원형일 것입니다. '결혼 관계'는 지적인 면, 정서적인 면, 의지적인 면이 모두 강력하게 동원되는 관계이지요. 인간관계 유형 중에서 가장 강력한 관계일

지도 모르겠습니다. 그러기에 인간의 첫 관계 유형으로 이 결혼 관계가 나타나는 것이지요. 어쨌든 이상의 내용을 생각하면서 창세기 3:8-13절을 읽어봅시다.

> 그 남자와 그 아내는, 날이 저물고 바람이 서늘할 때에, 주 하나님이 동산을 거니시는 소리를 들었다. 남자와 그 아내는 주 하나님의 낯을 피하여서, 동산 나무 사이에 숨었다. 주 하나님이 그 남자를 부르시며 "네가 어디에 있느냐?" 하고 물으셨다. "하나님께서 동산을 거니시는 소리를, 제가 들었습니다. 저는 벗은 몸인 것이 두려워서 숨었습니다" 하고 그가 대답하였다. 하나님이 물으시기를 "네가 벗은 몸이라고, 누가 일러주더냐? 내가 너더러 먹지 말라고 한 그 나무의 열매를, 네가 먹었느냐?" 하시니, 그 남자는 핑계를 대었다. "하나님께서 저와 함께 살라고 짝지어 주신 여자, 그 여자가 그 나무의 열매를 저에게 주기에, 제가 그것을 먹었습니다." 주 하나님이 그 여자에게 물으셨다. "너는 어쩌다가, 이런 일을 저질렀느냐?" 여자도 핑계를 대었다. "뱀이 저를 꾀어서 먹었습니다."

아담과 하와가 선악을 알게 하는 나무, 그러니까 소위 선악과를 따 먹은 사건의 의미에 대해서는 예전에 「선악을 하는 지식」이라는 제목으로 설교를 한 적이 있습니다. 그것을 다시 한번 들어보기를 바랍니다. 간단하게 이야기하자면 아담과 하와가 선악과를 따 먹은 것은 하나님이 그들에게 내리신 "생육하고 번성하라."는 명령을 구현하기 위해 하나님을 의지하는 것이 아니라 스스로의 힘을 의지했다는 것을 뜻합니다.

즉 자신들의 힘으로 생육과 번성을 쟁취하고자 했던 것이죠. 그러나 그들의 시도는 처참하게 실패로 끝납니다. 그들의 시도가 실패로 끝났다는 강력한 증거가 무엇인가 하면 아담과 하와의 관계가 파괴되었다는 것이죠. 이 두 사람의 연합된 관계를 통해서 생육과 번성, 즉 신약식으로 이야기하자면 하나님 나라가 온전히 드러났어야 하는데, 이들이 스스로의 힘으로 생육과 번성을 만들려고 하자 곧바로 그들의 관계가 파괴됩니다. 그 전에는 벌거벗고 있어도 부끄러워하지 않았으나 이제 그들의 벗은 모습을 부끄러워하고, 또한 선악과를 따 먹은 책임을 서로에게 전가함으로 그들의 연합된 관계가 파괴됩니다. 즉 하나님이 아담과 하와의 결혼이라는 관계를 통해 드러내고자 하셨던 생육과 번성, 다른 식으로 표현하면 하나님과의 충만한 사귐의 관계, 하나님의 성품을 아는 지식에서 자라 가는 것, 하나님의 성품을 닮아 가는 것이 깨집니다. 그 둘 사이의 관계가 깨지고 그들 관계의 깨짐은 곧 하나님과의 관계가 깨졌다는 것을 보여주는 것이죠.

이후의 성경의 역사, 곧 인류의 역사는 하나님의 뜻을 따라서 생육과 번성을 이루고자 하는 역사와 자신들의 뜻대로 생육과 번성을 누리고자 하는 역사와의 싸움이라고 할 수 있습니다. 창세기 11장의 바벨탑을 생각해보십시오. 11:4절을 읽어보십시오. 이들이 탑을 쌓는 이유가 무엇입니까? "탑 꼭대기가 하늘에 닿게 하여, 우리의 이름을 날리고, 온 땅 위에 흩어지지 않게 하자." 라고 합니다. 하늘에 닿게 하여 이름을 날리기를 원합니다. 즉 이들은 그들 자신의 생육과 번성을 위해서 스스로의 힘을 의지해서 이렇게 합니다. 스스로의 힘을 의지해서 생육과 번성을 만들어내고자 합니다. 아담과 하와가 범했던 잘못을 이들도 범하는 것입니다.

그러나 이들의 시도는 실패합니다. 그 실패가 어떻게 나타납니까? 그들의 언어가 갈리는 것으로 나타나죠. 언어가 갈려서 서로 말을 알아듣지 못합니다. 소통이 불가능해지는 것이지요. 즉 하나가 되었던 그들의 관계가 파괴됨으로, 뿔뿔이 흩어짐으로 그들이 이루고자 했던 생육과 번성이 실패로 끝납니다. 마찬가지로 아담과 하와도 그들의 힘으로 생육과 번성을 누리고자 했지만 그 결과는 둘 사이의 관계의 파괴로 끝납니다. 바벨탑 사건 후에 하나님은 아브라함을 부릅니다. 그리고 아브라함에게 무엇을 약속하죠? 창세기 12장 2절입니다.

"내가 너로 큰 민족이 되게 하고, 너에게 복을 주어서, 네가 크게 이름을 떨치게 하겠다. 너는 복의 근원이 될 것이다."

바벨탑을 쌓은 사람들이 왜 탑을 쌓았죠? 탑 꼭대기가 하늘에 닿게 하여 그들의 이름을 날리게 하려고 쌓은 것입니다. 그러나 실패합니다. '이름을 날리는 것' 자체가 악해서 실패한 것이 아닙니다. 즉 생육과 번성 자체가 악해서 실패한 것이 아니라 그것을 하나님을 배제하고 스스로의 힘으로 하고자 했기 때문입니다. 그래서 하나님은 이제 아브라함을 불러서 약속하십니다. "네가 크게 이름을 크게 떨치게 하겠다."라고요. 바벨탑을 쌓은 인류가 가졌던 소망이 하나님을 의지하는 아브라함에게서 실현되는 것이죠. 창세기 15:5, 17:4-7절을 읽어보십시오.

주께서 아브람을 데리고 바깥으로 나가서 말씀하셨다. "하늘을 쳐다보아라, 네가 셀 수 있거든, 저 별들을 세어 보아라." 그리고는, 주께서 아브람에게 말씀하셨다. "너의 자손이 저 별처럼 많아질 것이다."(창 15:5절)

"나는 너와 언약을 세우고 약속한다. 너는 여러 민족의 조상이 될 것이다. 내가 너를 여러 민족의 아버지로 만들었으니, 이제부터는

> 너의 이름이, 아브람이 아니라, 아브라함이다. 내가 너를 크게 번성하게 하겠다. 너에게서 여러 민족이 나오고, 너에게서 왕들도 나올 것이다. 내가 너와 세우는 언약은, 나와 너 사이에 맺는 것일 뿐 아니라, 너의 뒤에 오는 너의 자손과도 대대로 세우는 영원한 언약이다. 이 언약을 따라서, 나는, 너의 하나님이 될 뿐만 아니라, 뒤에 오는 너의 자손의 하나님도 될 것이다.(창 17:4-7절)

하나님이 아브라함의 이름을 바꾸시고 또 그를 번성하게 하겠다고 하십니다. 즉 창세기 1장에서 하나님이 첫 사람 아담과 하와에게 주셨던 "생육하고 번성하라."는 복이 아브라함에게 주어집니다. 그래서 아브라함의 생애를 살펴보면 아담과 하와가 실패했던 생육과 번성이 어떻게 아브라함의 생애를 통해 이루어지는 것을 우리가 배울 수 있습니다. 그것은 믿음이죠. 하나님에 대한 신뢰라고도 할 수 있습니다. 오늘은 여기까지 하겠습니다.

창세기 1:26-31절

생육과 번성 2

26 하나님이 말씀하시기를 "우리가 우리의 형상을 따라서, 우리의
모양대로 사람을 만들자. 그리고 그가, 바다의 고기와 공중의 새
와 땅 위에 사는 온갖 들짐승과 땅 위를 기어다니는 모든 길짐승
을 다스리게 하자" 하시고, 27 하나님이 당신의 형상대로 사람을
창조하셨으니, 곧 하나님의 형상대로 사람을 창조하셨다. 하나님
이 그들을 남자와 여자로 창조하셨다. 28 하나님이 그들에게 복
을 베푸셨다. 하나님이 그들에게 말씀하시기를 "생육하고 번성하
여 땅에 충만하여라. 땅을 정복하여라. 바다의 고기와 공중의 새
와 땅 위에서 살아 움직이는 모든 생물을 다스려라" 하셨다. 29 하
나님이 말씀하시기를 "내가 온 땅 위에 있는 씨 맺는 모든 채소와

씨 있는 열매를 맺는 모든 나무를 너희에게 준다. 이것들이 너희
의 먹거리가 될 것이다. 30 또 땅의 모든 짐승과 공중의 모든 새와
땅 위에 사는 모든 것, 곧 생명을 지닌 모든 것에게도 모든 푸른
풀을 먹거리로 준다" 하시니, 그대로 되었다. 31 하나님이 손수 만
드신 모든 것을 보시니, 보시기에 참 좋았다. 저녁이 되고 아침이
되니, 엿샛날이 지났다.

지난번 설교에서 이런 이야기를 했습니다. 하나님이 사람을 만드시고 "생육하고 번성하여 땅에 충만하라."라는 명령을 내렸습니다. 여기서 생육과 번성이라는 것은 단지 숫자적인 증가를 뜻하는 것이 아니라 하나님이 세상을 창조한 이유 혹은 목적을 충만하게 드러내는 것입니다. 이것은 다른 말로 표현하면, 하나님, 그리고 하나님이 창조한 사람들, 피조물과 충만한 사랑의 관계, 사귐을 관계를 누리라는 것입니다. 새창조 혹은 재창조라고 표현할 수도 있습니다.

그런데 "생육하고 번성하여 땅에 충만하라."는 하나님의 명령에 대한 순종이 구약에서는 주로 물질적이고 지역적인, 민족적인 차원에서 드러났습니다. 예를 들면 이런 것입니다. 구약에서는 불임을 포함해 어떤 이유에서건 자녀가 없는 것은 하나님의 저주로 여겼습니다. 하나님의 심판은 종종 불임으로, 혹은 자녀

가 없는 것으로 나타났는데 그 이유는 불임이라든가 자녀가 없다는 것은 생육과 번성의 반대이기 때문입니다. 또한 구약에서 불구자들이나 질병이 있는 사람은 성전에 들어오지 못했는데 왜냐하면 그러한 것은 생명의 온전함이 훼손된 것이기 때문입니다. 물론 신약시대 이후로 불임이라든가 자녀가 없는 것, 혹은 신체의 질병이나 불구 등은 하나님의 저주나 심판은 아닙니다. 그러나 구약시대에는 이러한 것이 "생육하고 번성하여 땅에 충만하라."는 하나님의 뜻과는 어긋나는 것으로 여겨졌습니다. 이러한 것과 관련된 구약의 이야기를 한 번 찾아보겠습니다. 창세기 38:1-10절입니다.

> **1** 그 무렵에 유다는 형제들에게서 떨어져 나가, 히라라고 하는 아
> 둘람 사람이 사는 곳으로 가서, 그와 함께 살았다. **2** 유다는 거기
> 에서 가나안 사람 수아라고 하는 사람의 딸을 만나서 결혼하고,
> 아내와 동침하였다. **3** 그가 임신하여 아들을 낳으니, 유다가 그
> 아들 이름을 에르라고 하였다. **4** 그가 또 임신하여 아들을 낳았
> 다. 이번에는 아이의 어머니가 그 아들 이름을 오난이라고 하였
> 다. **5** 그가 또다시 아들을 낳고, 이름을 셀라라고 하였다. 그가 셀
> 라를 낳은 곳은 거십이다. **6** 유다가 자기 맏아들 에르를 결혼시
> 켰는데, 그 아내의 이름은 다말이다. **7** 유다의 맏아들 에르가 주

님께서 보시기에 악하므로, 주님께서 그를 죽게 하셨다. 8 유다가
오난에게 말하였다. "너는 형수와 결혼해서, 시동생으로서의 책
임을 다해라. 너는 네 형의 이름을 이을 아들을 낳아야 한다." 9 그
러나 오난은 아들을 낳아도 그가 자기 아들이 안 되는 것을 알고
있었으므로, 형수와 동침할 때마다, 형의 이름을 이을 아들을 낳
지 않으려고, 정액을 땅바닥에 쏟아 버리곤 하였다. 10 그가 이렇
게 한 것이 주님께서 보시기에 악하였다. 그래서 주님께서는 오
난도 죽게 하셨다.

오난은 형이 아들이 없이 죽자 당시의 관습에 따라 형수와 동침을 합니다. 형수와의 동침은 성욕을 해소하기 위한 것이 아니라 자녀를 보기 위함입니다. 자녀가 없는 상태로 죽는다는 것은 저주였기에, 오난의 형은 죽어서라도 동생을 통해서 자녀를 보아야 했습니다. 이것이 생육하고 번성하여 땅에 충만하라는 하나님의 명령에 순종하는 것입니다. 그러나 오난은 형수와의 관계를 통해서 아들을 낳는다 할지라도 그 아들이 자신의 아들이 안될 것임을 알았기에 그만 질외사정을 합니다. 이것은 주께서 보시기에 매우 악한 것이었고 그 결과, 오난은 주님의 심판으로 죽게 됩니다. 오난의 행위는 하나님의 명령인 생육과 번성에 대한 정면도전입니다. 하나님은 생육하고 번성하기를 원하시는데

오난은 자신의 힘으로 그 생육과 번성을 막으려 했던 것입니다. 그리고 그 결과, 죽습니다.

이런 맥락에서 창세기에 나오는 롯의 두 딸의 행동을 다시 조명해 보는 것도 좋을 듯합니다. 창세기 19:30-38절입니다.

30 롯은 소알에 사는 것이 두려워서, 두 딸을 데리고 소알을 떠나,
산으로 들어가서, 숨어서 살았다. 롯은 두 딸들과 함께 같은 굴에
서 살았다. **31** 하루는 큰 딸이 작은 딸에게 말하였다. "우리 아버
지는 늙으셨고, 아무리 보아도 이 땅에는 세상 풍속대로 우리가
결혼할 남자가 없다. **32** 그러니 우리가 아버지께 술을 대접하여
취하시게 한 뒤에, 아버지 자리에 들어가서, 아버지에게서 씨를
받도록 하자." **33** 그 날 밤에 두 딸은 아버지에게 술을 대접하여
취하게 한 뒤에, 큰 딸이 아버지 자리에 들어가서 누웠다. 그러나
아버지는, 큰 딸이 와서 누웠다가 일어난 것을 전혀 알아차리지
못하였다. **34** 이튿날, 큰 딸이 작은 딸에게 말하였다. "어젯밤에
는 내가 우리 아버지와 함께 누웠다. 오늘 밤에도 우리가 아버지
께 술을 대접하여 취하시게 하자. 그리고 이번에는 네가 아버지
자리에 들어가서, 아버지에게서 씨를 받아라." **35** 그래서 그 날 밤
에도 두 딸은 아버지에게 술을 대접하여 취하게 하였고, 이번에
는 작은 딸이 아버지 자리에 들어가 누웠다. 그러나 이번에도 그

는, 작은 딸이 와서 누웠다가 일어난 것을 전혀 알아차리지 못하였다. 36 롯의 두 딸이 드디어 아버지의 아이를 가지게 되었다. 37 큰 딸은 아들을 낳고, 아기 이름을 모압이라고 하였으니, 그가 바로 오늘날 모압 사람의 조상이다. 38 작은 딸도 아들을 낳고, 아기 이름을 벤암미라고 하였으니, 그가 바로 오늘날 암몬 사람의 조상이다.

구약에서 건강한 자녀들은 하나님의 축복을 상징하고, 불임, 혹은 자녀를 보지 못하는 것, 자녀가 죽는 것은 하나님의 저주를 상징하는 것입니다. 그래서 성경에 나오는 수많은 여인들의 모습을 살펴보면 자녀 출산에 얼마나 많은 관심을 기울였는지 알 수 있습니다. 출산에 목숨을 걸었다 해도 과언이 아닐 정도로 출산은 중요한 일이었습니다. 왜냐하면 구약시대에는 출산이야말로 생육과 번성이라는 하나님의 축복이 가장 극명하게 드러나는 것이었기 때문입니다. 그래서 자녀 출산을 거부한 오난은 하나님으로부터 악하다는 책망을 들었던 것이고 하나님으로부터 죽임을 당한 것이죠. 이런 맥락에서 롯의 두 딸의 행동을 살펴봐야 합니다.

대부분 사람들은 롯과 두 딸의 행동에 아주 부정적인 시각을 가지고 있습니다. 적어도 두 딸에 대해서는 매우 부정적으로 생각합니다. 성경에서 없었으면 하는 이야기 중에서 일순위로 꼽히는 것이 아마도 이 이야기일 것입니다. 감추고 싶고, 도대체 있으려야 있을 수 없는 일입니다. 그런데 왜 사람들이 롯과 두 딸의 행동을 부정적으로 볼까요? 그 이유가 무엇이죠? 제가 생각하기에는 적어도 세 가지 이유가 있는 듯합니다.

첫째는 우리의 윤리 기준과는 도저히 맞지 않기 때문입니다. 이것은 근친상간입니다. 더구나 한 명의 딸이 아니라 두 딸이 서로 모의하여 아버지와 관계를 갖습니다. 도대체 우리 상식으로는 있을 수 없는 일입니다. 아주 파렴치하고 정욕에 불타는 여자들 같습니다. 파렴치한 여자라고 욕을 합니다.

그런데 우리 시대의 윤리적 기준으로 롯과 두 딸의 행동을 판단하는 것이 정당한가 하는 것입니다. 예를 들면 이스라엘 백성들이 가나안 땅을 정복할 때 수많은 사람들을 죽입니다. 더구나 아이들까지 죽였다고 합니다. 그런데 여러분은 이것을 어떻게 해석하죠? 현대의 윤리적 관점에서 해석하나요? 그렇지 않습니다. 또한 아브라함이나 이삭, 야곱 등 이스라엘의 조상들은 부인을 여럿 두었고, 다윗도 부인이 여럿이었습니다. 그런데 성경에 나오는 이러한 사람들의 행적을 우리가 배우면서 현대의 윤리적 관점에서 판단해서 그들을 평가하나요? 그렇지 않습니다. 그렇다면 롯의 두 딸에 대해서도 그러한 기준을 가지고 판단해야 하지 않을까요? 즉 우리가 롯과 두 딸의 행동을 부정적으로 보는 이유 중 하나는 우리의 윤리적 기준으로 판단하기 때문인데, 그 기준을 거두어 내야 롯과 두 딸의 행동에 대한 판단을 제대로 할 수 있습니다.

또 하나 생각해야 할 것은 지금 롯의 두 딸이 아버지와 관계를 갖는 동기입니다. 두 딸은 성욕을 채우고자 아버지와 관계를 갖는 것이 아닙니다. 롯의 두 딸은 소돔과 고모라의 멸망을 보면서 이제 결혼할 남자들이 없어졌다고 생각했습니다. 아마도 두 딸은 소돔과 고모라의 멸망을 목도하면서 세상이 망했다고 착각한 듯합니다. 어찌되었든 두 딸은 소돔과 고모라의 멸망을 보면서 그들의 대가 끊기게 된다고 보았습니다. 후손이 없다는 것은 곧 하나님의 저주를 뜻하는 것입니다. 하나님의 명령인 생육과 번성이 그들에게 구현되지 않는다는 것을 의미합니다. 하나님의 저주인 것이죠.

그래서 이들은 그러한 상황에서 빠져나오지 못하는 불가능한 현실, 즉 그들과 결혼을 해서 그들에게 자녀를 줄 남자들이 전혀 없는 상황에서 이들은 어쩔 수 없이 아버지와 관계를 갖습니다. 어떻게 보면 이들은 불가능한 상황, 하나님의 저주가 임한 그 암담한 상황을 극복함으로 하나님의 저주를 축복으로 바꾸고자 합니다. 하나님의 명령인 생육과 번성을 수행할 수 없는 상황에서 이들은 좌절하거나 포기하는 것이 아니라 아버지와 관계를 가짐으로 생육과 번성을 이루어 내고 맙니다.

두 번째로 이들의 행동을 부정적으로 보는 이유로 레위기 율법에서 근친상간을 금지하기 때문입니다. 그러나 근친상간의 금기가 담긴 구체적인 율법은 모세 시대에 주어진 것입니다. 그러므로 이 두 딸은 자신들이 하는 일들이 하나님의 율법에 어긋나는 행동이라는 것을 몰랐을 것입니다. 율법이 있기 전에는 죄를 죄로 여기지 않았다는 로마서의 말씀을 생각하면 이해가 될 듯합니다.

세 번째로 이들의 행동을 부정적으로 보는 이유는 37-38절의 언급 때문입니다. 두 딸이 낳은 자녀들이 이스라엘을 지속적으로 괴롭히면서 하나님의 대적자로 나오는 암몬과 모압이라는 것이죠. 롯과 두 딸의 죄악된 관계를 통해서 생긴 족속이기에 태생적으로 하나님과 그 백성인 이스라엘의 원수라는 것입니다.

이런 시각이 옳은지 살펴봅시다. 신명기 율법에서 암몬과 모압 족속에 대한 부정적인 언급이 있습니다. 신명기 23:1-6절을 보겠습니다.

> 1 "고환이 터졌거나 음경이 잘린 사람은, 주님의 총회 회원이 되
> 지 못합니다. 2 사생아도 주님의 총회 회원이 되지 못하고, 그 자

손은 십 대에 이르기까지 주님의 총회 회원이 되지 못합니다. 3 암
몬 사람과 모압 사람은 주님의 총회 회원이 되지 못합니다. 그 자
손은 십 대가 아니라, 영원히 주님의 총회 회원이 되지 못합니다.
4 그들은 당신들이 이집트에서 나올 때에, 먹을 것과 마실 것을 가
지고 와서 당신들을 맞아들이기는커녕, 당신들을 저주하려고 브
올의 아들 발람에게 뇌물을 주어 메소포타미아 지방의 브돌에서
그를 불러온 사람들입니다. 5 그러나 주 당신들의 하나님이 당신
들을 사랑하시기 때문에, 주님께서 발람의 말을 듣지 않으시고,
오히려 그 저주를 복으로 바꾸셨습니다. 6 당신들은 당신들의 평
생에 그들이 조금이라도 번영하거나 성공할 틈을 주어서는 안 됩
니다.

암몬 사람과 모압 사람은 주의 총회 회원이 영원히 되지 못한다고 합니다. 암몬 사람과 모압 사람은 이스라엘 백성이 이집트에서 나올 때에 훼방을 놓았기 때문입니다. 그렇다고 해서 하나님이 모압과 암몬 족속을 무조건 배척하시는가 하면은 그렇지도 않습니다. 신명기 2:9, 19절을 읽어 보십시오.

9 주님께서 나에게 말씀하시기를 '모압을 괴롭히지도 말고, 싸움을
걸지도 말아라. 그 땅은 내가 너에게 유산으로 주기로 한 땅이 아

니다. 아르 지역은 내가 이미 롯의 자손에게 유산으로 주었기 때문이다.(신 2:9절)

19 암몬 자손이 사는 곳에 다다를 것이니, 너는 그들을 괴롭히지도 말고, 싸우지도 말아라. 암몬 족속의 땅은 내가 너에게 유산으로 주기로 한 땅이 아니다. 그 곳은 내가 이미 롯의 자손에게 유산으로 주었기 때문이다.(신 2:19절)

모압을 괴롭히지도 말고 모압과 싸우지도 말고 모압의 땅을 빼앗지도 말라고 합니다. 그러니까 신명기에서 모압과 암몬 족속에 대한 배척, 혹은 부정적으로 이야기하는 이유는 그들이 롯과 두 딸의 근친상간을 통해 생긴 족속 때문이어서가 아니라 그들이 이스라엘 백성들을 홀대하고 괴롭혀서 벌어진 일입니다. 더구나 성경은 롯과 두 딸 사이에서 태어난 후손들로 인해 그리스도(메시아)가 태어났다는 놀라운 진술을 합니다. 룻기 1:3-4절입니다.

3 그러다가 나오미의 남편 엘리멜렉이 죽고, 나오미와 두 아들만 남았다. 4 두 아들은 다 모압 여자를 아내로 맞이하였는데, 한 여자의 이름은 룻이고, 또 한 여자의 이름은 오르바였다. 그들은 거기서 십

넌쯤 살았다.

룻이라는 여자가 나오는데, 모압 여자입니다. 그 다음으로 룻기 4:13-22절을 읽어 보세요.

> **13** 보아스는 룻을 아내로 맞이하였다. 그 여인이 자기 아내가 되
> 자, 그는 그 여인과 동침하였다. 주님께서 그 여인을 보살피시니,
> 그가 임신하여 아들을 낳았다. **14** 그러자 이웃 여인들이 나오미
> 에게 말하였다. "주님께 찬양을 드립니다. 주님께서는 오늘 이 집
> 에 자손을 주셔서, 대가 끊어지지 않게 하셨습니다. 그의 이름이
> 이스라엘에서 늘 기리어지기를 바랍니다. **15** 시어머니를 사랑하
> 는 며느리, 아들 일곱보다도 더 나은 며느리가 아기를 낳아 주었
> 으니, 그 아기가 그대에게 생기를 되찾아 줄 것이며, 늘그막에 그
> 대를 돌보아 줄 것입니다." **16** 나오미가 그 아기를 받아 자기 품에
> 안고 어머니 노릇을 하였다. **17** 이웃 여인들이 그 아기에게 이름
> 을 지어 주면서 "나오미가 아들을 보았다!" 하고 환호하였다. 그
> 들은 그 아기의 이름을 오벳이라고 하였다. 그가 바로 이새의 아
> 버지요, 다윗의 할아버지이다. **18** 다음은 베레스의 계보이다. 베
> 레스는 헤스론을 낳고, **19** 헤스론은 람을 낳고, 람은 암미나답을
> 낳고, **20** 암미나답은 나손을 낳고, 나손은 살몬을 낳고, **21** 살몬은

보아스를 낳고, 보아스는 오벳을 낳고, **22** 오벳은 이새를 낳고, 이
새는 다윗을 낳았다.

모압 여인인 룻이 다윗의 조상으로 등장합니다. 모압 여인 룻이 없었다면 다윗도 없었을 것입니다. 그 다음으로 열왕기상 14:21절을 보십시오.

21 또한 솔로몬의 아들 르호보암은 유다를 다스렸다. 르호보암이 즉위할 때의 나이는 마흔한 살이었는데, 그는, 주님께서 자신의 이름을 두시려고 택하신 성읍 예루살렘에서 열일곱 해를 다스렸다. 그 어머니의 이름은 나아마이며, 암몬 여자이다.

솔로몬에게는 많은 수의 부인들이 있었습니다. 그중 하나가 나아마입니다. 그런데 이 나아마는 암몬 여인입니다. 그리고 이 나아마는 솔로몬의 아들 르호보암을 낳습니다. 그런데 마태복음 1:6-7절을 보십시오.

6 이새는 다윗 왕을 낳았다. 다윗은 우리야의 아내였던 이에게서
솔로몬을 낳고, **7** 솔로몬은 르호보암을 낳고, 르호보암은 아비야
를 낳고, 아비야는 아삽을 낳고,

솔로몬의 아들 르호보암이 메시야의 족보를 이어갑니다. 즉 이 메시야의 반열에 암몬 여인인 나아마가 들어갑니다. 이 중요한 메시야 족보 반열에 모압 여인인 룻과 암몬 여인인 나아마가 들어갑니다.

이해되십니까? 롯의 두 딸이 아버지와의 근친상간을 통해서 하고자 했던 것은 생육과 번성이라는 하나님의 명령을 그들의 삶 속에서 구현하는 것이었습니다. 이들은 하나님이 인류에게 처음 내리셨던 가장 중요한 명령인 생육과 번성이라는 명령에 충실하고자 했습니다. 그녀들의 처지가 하나님의 명령을 드러내지 못할 절망적인 상황, 암담한 상황이 되었지만 포기하지 않습니다. 그녀들은 자신들이 처한 상황에서 최선을 다합니다. 그래서 모압과 암몬을 낳습니다.

그리고 그들로 인해 생육과 번성의 본체이신, 생육과 번성의 참된 실현자이신 메시아 예수, 그리스도 예수가 탄생합니다. 그 두 딸이 진정으로 추구했던 것의 본체가 그들의 행동으로 인해 드러납니다. 그래서 오난의 행동은 하나님에 의해 악한 것으로 정죄를 당하지만 롯의 두 딸의 행동에 대해서 성경은 아무런 정죄도 하지 않습니다. 우리의 윤리적 시각과는 정 반대이지요. 우리의 윤리적 시각에서 오난은 정죄 대상이 아닙니다. 질외사정한 것이 그리 무슨 죽을 죄악입니까? 오히려 롯의 두 딸의 행동이 비난받아야 하지요. 그러나 하나님은 오난은 죽음으로 심판하지만 롯의 두 딸의 행동에 대해서는 아무런 판단도 하지 않습니다.

또한 이런 생육과 번성의 차원에서 우리는 구약시대의 일부다처제를 이해해야 합니다. 즉 그 시대의 일부다처제를 현대의 관점, 현대의 윤리적 기준에서 판단하는 것이 아니라 그 시대의 한계 내에서 생육과 번성의 충실이라는 차원에서 해석해야 합니다.

이상의 내용을 기억하면서 이제 다음 이야기로 들어갑시다. 하나님의 처음 명령인 생육과 번성의 모습이 구약에서는 물질적이고 지역적이고 민족적인 모습으로 나타났다고 이야기했습니다. 그러나 이 모습이 본체는 아닙니다. 그림자입니다. 가령 구약에서 짐승을 가지고 하는 제사가 그 자체로 무슨 효력이 있는 것이 아니라 예수 그리스도의 십자가 사역을 예표하는 그림자였듯이 생육과 번성에 관한, 혹은 생육과 번성의 반대인 죽음에 관한 (불임이나 불구 등에 관한) 구약의 묘사도 그것 자체가 절대적인 모습을 가지는 것이 아니라 예수 그리스도로 말미암아 나타날 생육과 번성을 예표하는 그림자라는 것입니다.

예를 들면 이런 것입니다. 구약에서 아브라함의 자손은 누구를 의미하는 것입니까? 아브라함의 육신적 혈통을 가진 자들을 아브라함의 자손이라 합니다. 이것은 일종의 그림자, 예표입니다. 그런데 신약에서 이 그림자의 본체는 무엇입니까? 누가 아브라함의 자손입니까? 아브라함의 육신적 혈통의 후손들이 아브라함의 자녀입니까? 유대인들이 아브라함의 자녀들입니까? 아니죠. 누가복음 3:7-9절, 마가복음 3:31-35절, 요한복음 1:12-13절을 읽어보십시오.

7 요한은 자기에게 세례를 받으러 나오는 무리에게 말하였다. "독
사의 자식들아, 누가 너희에게 닥쳐올 진노를 피하라고 일러주더
냐? 8 회개에 알맞는 열매를 맺어라. 너희는 속으로 '아브라함은 우
리의 조상이다' 하고 말하지 말아라. 내가 너희에게 말한다. 하나님
께서는 이 돌들로도 아브라함의 자손을 만드실 수 있다. 9 도끼를
이미 나무 뿌리에 갖다 놓으셨다. 그러므로 좋은 열매를 맺지 않는
나무는 다 찍어서 불 속에 던지신다."(눅 3:7-9절)

31 그 때에 예수의 어머니와 동생들이 찾아와, 바깥에 서서, 사람을
들여보내어 예수를 불렀다. 32 무리가 예수의 주위에 둘러앉아 있
다가, 그에게 말하였다. "보십시오, 선생님의 어머니와 동생들과 누
이들이 바깥에서 선생님을 찾고 있습니다." 33 예수께서 그들에게
대답하셨다. "누가 내 어머니이며, 내 형제들이냐?" 34 그리고 주위
에 둘러앉은 사람들을 둘러보시고 말씀하셨다. "보아라, 내 어머니

와 내 형제자매들이다. 35 누구든지 하나님의 뜻을 행하는 사람이
곧 내 형제요 자매요 어머니다."(막 3:31-35절)

12 그러나 그를 맞아들인 사람들, 곧 그 이름을 믿는 사람들에게
는, 하나님의 자녀가 되는 특권을 주셨다. 13 이들은 혈통에서나, 육
정에서나, 사람의 뜻에서 나지 아니하고, 하나님에게서 났다.(요
1:12-13절)

더 이상 아브라함의 자녀는 육신적 아브라함의 자녀, 즉 유대인이 아니라 하나님의 뜻대로 행하는 자, 하나님께로 난 자가 아브라함의 자녀입니다. 그렇다면 생육과 번성의 본질적 의미는 무엇입니까? 그것은 하나님의 뜻대로 사는 것입니다. 그래서 더 이상 생육과 번성은 물질적인 개념으로 여겨지는 것이 아니라 하나님이 원래 사람을 창조하시면서 가지셨던 그 목적인 하나님과의 충만한 사귐의 관계에 들어가는 것, 즉 영생, 구원을 의미합니다. 즉 첫 사람 아담과 하와에게 하나님이 내리셨던 명령인 생육과 번성이 담고 있는 본질적인 내용은 영생, 하나님과의 충만한 사귐의 관계, 하나님과의 사랑의 관계, 하나님의 성품에 참여하는 수준인 것입니다. 오늘은 여기까지 하겠습니다.

창세기 1:26-31절

생육과 번성 3

18 주 하나님이 말씀하셨다. "남자가 혼자 있는 것이 좋지 않으니,
그를 돕는 사람, 곧 그에게 알맞은 짝을 만들어 주겠다." 19 주 하
나님이 들의 모든 짐승과 공중의 모든 새를 흙으로 빚어서 만드
시고, 그 사람에게로 이끌고 오셔서, 그 사람이 그것들을 무엇이
라고 하는지를 보셨다. 그 사람이 살아 있는 동물 하나하나를 이
르는 것이 그대로 동물들의 이름이 되었다. 20 그 사람이 모든 집
짐승과 공중의 새와 들의 모든 짐승에게 이름을 붙여 주었다. 그
러나 그 남자를 돕는 사람 곧 그의 짝이 없었다. 21 그래서 주 하
나님이 그 남자를 깊이 잠들게 하셨다. 그가 잠든 사이에, 주 하
나님이 그 남자의 갈빗대 하나를 뽑고, 그 자리는 살로 메우셨다.

> 22 주 하나님이 남자에게서 뽑아 낸 갈빗대로 여자를 만드시고,
> 여자를 남자에게로 데리고 오셨다. 23 그 때에 그 남자가 말하였
> 다. "이제야 나타났구나, 이 사람! 뼈도 나의 뼈, 살도 나의 살, 남
> 자에게서 나왔으니 여자라고 부를 것이다." 24 그러므로 남자는
> 아버지와 어머니를 떠나, 아내와 결합하여 한 몸을 이루는 것이
> 다. 25 남자와 그 아내가 둘 다 벌거벗고 있었으나, 부끄러워하지
> 않았다.

우리는 이전 설교에서 하나님이 사람에게 내리신 "생육하고 번성하여 땅에 충만하여라."는 명령이 무엇을 의미하는지를 살펴보았습니다. 그리고 생육하고 번성하여 땅에 충만하라는 명령이 구약에서는 물질적, 지역적, 혈연적 방식으로 드러났으며, 신약에 와서는 지역과 민족, 혈연을 뛰어넘는 방식으로 드러났다는 이야기를 했습니다.

오늘 읽은 창세기 2:18-25절은 대체적으로 결혼 제도의 기원으로 해석됩니다. 남녀 간의 이성애적 결혼 제도의 신적 기원, 보편성, 영원성을 이야기할 때 이 본문이 즐겨 이용됩니다. 그런데 이 본문이 단지 이성 간의 결혼제도에만 국한해서 해석될 수 있는가라는 의문이 있습니다. 저는 그렇게 보지 않습니다.

하나님이 사람을 창조하실 때, 공동체적 존재로 창조했습니

다. 창세기 1:26-28절입니다.

26 하나님이 말씀하시기를 "우리가 우리의 형상을 따라서, 우리의
모양대로 사람을 만들자. 그리고 그가, 바다의 고기와 공중의 새
와 땅 위에 사는 온갖 들짐승과 땅 위를 기어다니는 모든 길짐승
을 다스리게 하자" 하시고, 27 하나님이 당신의 형상대로 사람을
창조하셨으니, 곧 하나님의 형상대로 사람을 창조하셨다. 하나님
이 그들을 남자와 여자로 창조하셨다. 28 하나님이 그들에게 복을
베푸셨다. 하나님이 그들에게 말씀하시기를 "생육하고 번성하여
땅에 충만하여라. 땅을 정복하여라. 바다의 고기와 공중의 새와
땅 위에서 살아 움직이는 모든 생물을 다스려라" 하셨다.

하나님이 "우리의 형상을 따라서, 우리의 모양대로 사람을 만들자."하시고 나서 사람을 하나님의 형상대로 창조합니다. 한 사람을 만든 것이 아니라 남자와 여자로 창조하십니다. 즉 공동체로 창조합니다. 하나님이 "우리의 형상을 따라서, 우리의 모양대로 사람을 만들자."라고 했을 때, 형상이나 모양은 단순히 외형이 아니라 하나님의 속성, 혹은 하나님의 양태를 뜻합니다. 즉 하나님의 속성, 혹은 양태를 가진 자로 사람을 만든다는 것입니다.

하나님의 속성이나 양태는 여러 가지겠지만 그중에서 핵심

적인 것은 '공동체적 관계'라는 것입니다. 하나님은 숫자적으로 홀로 존재하는 것이 아니라 성부와 성자와 성령 하나님의 공동체적 관계로 존재합니다. 이러한 속성, 이러한 양태를 가진 자로 사람을 창조했습니다. 그러므로 인간 창조의 핵심은 공동체적 관계입니다. 공동체적 관계는 사람에게 부수적인 것이 아니라 존재 자체입니다. 공동체적 관계로 사람을 창조한 것입니다. 마르틴 부버의 표현을 빌리자면 최초의 근원어는 'I(나)' 혹은 'THOU(너)'가 아니라 '나와 너(I and THOU)'입니다. '나와 너'는 나뉠 수 있는 단어가 아닙니다. '나'라는 단어가 나뉠 수 없듯이 '나와 너'도 나뉠 수 없습니다. 즉 '나와 너'라는 단어는 '나'와 '너'가 합쳐서 만들어진 것이 아닙니다. 그 자체가 근원적인 단어입니다.

그러기에 창세기 2장에서 아담과 하와의 결합은 공동체적 속성으로 창조된 인간의 본연적인 모습입니다. 공동체적 속성을 지닌 인간이 맺을 모든 관계의 원형이며 뿌리이며 씨앗입니다. 그러니까 창세기 2장의 아담과 하와 이야기는 단지 남녀 간 결혼에 관한 이야기가 아니라 공동체적 속성을 지닌 인간이 맺는 모든 관계의 원형, 씨앗이라는 것이고, 이것은 다양한 관계의 열매로 피어납니다. 그래서 아담과 하와의 관계에서 이성 간 결혼의 영원함을 보는 것이 아니라 모든 인간관계의 원형을 보아야 합니다.

그러므로 결혼이나 가정은 그 형식 자체가 영원하거나 보편적인 제도는 아닙니다. 결혼이나 가정은 생육과 번성이라는 충만한 사귐의 관계(공동체적 관계)를 표현하기 위한 여러 가지 수단 중 하나이지 그것 자체가 목적인 것은 아닙니다. 결혼이 영원한 제도가 아님을 예수님이 이렇게 이야기했습니다. 누가복음 20:27-40절입니다.

> **27** 부활이 없다고 주장하는 사두개파 사람 가운데 몇 사람이 다
> 가와서, 예수께 물었다. **28** "선생님, 모세가 우리에게 써 주기를
> '어떤 사람의 형이 자식이 없이 아내를 남겨 두고 죽으면, 그 동
> 생이 그 형수를 맞아들여서 뒤를 이을 아들을 자기 형에게 세워
> 주어야 한다' 하였습니다. **29** 그런데 일곱 형제가 있었습니다. 맏
> 이가 아내를 얻어서 살다가 자식이 없이 죽었습니다. **30** 그래서
> 둘째가 그 여자를 맞아들였고, **31** 그 다음에 셋째가 그 여자를 맞
> 아들였습니다. 일곱 형제가 다 그렇게 하였는데, 모두 자식을 남
> 기지 못하고 죽었습니다. **32** 나중에 그 여자도 죽었습니다. **33** 그
> 러니 부활 때에 그 여자는 그들 가운데서 누구의 아내가 되겠습니
> 까? 일곱이 다 그 여자를 아내로 맞아들였으니 말입니다." **34** 예
> 수께서 그들에게 말씀하셨다. "이 세상 사람들은 장가도 가고, 시

집도 가지만, 35 저 세상과 죽은 사람들 가운데서 살아나는 부활
에 참여할 자격을 얻은 사람은 장가도 가지 않고 시집도 가지 않
는다. 36 그들은 천사와 같아서, 더 이상 죽지도 않는다. 그들은
부활의 자녀들이므로, 하나님의 자녀들이다. 37 죽은 사람들이 살
아난다는 사실은 모세도 가시나무 떨기 이야기가 나오는 대목에
서 보여 주었는데, 거기서 그는 주님을 '아브라함의 하나님, 이삭
의 하나님, 야곱의 하나님'이라고 부르고 있다. 38 하나님은 죽은
사람들의 하나님이 아니라, 살아 있는 사람들의 하나님이시다.
모든 사람은 하나님과의 관계 속에서 살고 있다." 39 이 말씀을 듣
고서, 율법학자 가운데 몇 사람이 말하였다. "선생님, 옳은 말씀입
니다." 40 그들은 감히 예수께 더 이상 질문을 하지 못하였다.

예수님은 부활을 믿지 않는 사두개파 사람들에게 부활 후의 하나님 나라는 이 세상의 질서와는 다를 것임을 이야기합니다. 이 세상에서의 기본적인 질서라고 할 수 있는 남녀 간의 결혼 제도가 없어질 것임을 이야기합니다. 부활에 참여한 자들은 장가도 가지 않고 시집도 가지 않는다고 합니다. 그런 후에 38절에서는 "모든 사람은 하나님과의 관계 속에서 살고 있다."고 함으로 결혼 제도의 궁극적 목적이 무엇인지를 간접적으로 알려줍니다.

그러기에 결혼 제도는 공동체적 속성의 한 수단이지, 그것만

이 공동체적 속성을 표현하는 유일한 수단은 아닙니다. 이 세상에서 공동체적 속성을 표현하는 방식, 수단은 다양할 수 있습니다. 이성애적 결혼과 그에 따른 가정만이 유일한 것은 아닙니다. 물론 이성애적 결혼과 그에 따른 가정은 매우 중요합니다. 대부분의 사람들은 그 형식과 수단으로 공동체적 속성을 표현합니다. 그러나 그 관계만이 하나님의 공동체적 속성을 표현하는 유일한 방식이나 수단은 아닙니다.

대체적으로 우리나라에서는 이성애적 결혼제도에 따른 가족만을 정상으로 취급합니다. 아빠, 엄마, 그리고 아들, 딸, 이렇게 구성된 가정을 이상적으로, 정상적으로 취급합니다. 여기서 벗어나는 가정은 문제라고 여깁니다. 소위 결손가정이라고 하지요. 그러나 문제 있는 가정, 문제없는 가정, 소위 정상적인 가정이냐 비정상적인 가정이냐는 그 가정의 형태나 형식을 가지고 판단할 수 없습니다.

이성애적 결혼제도에 따른 가족 이외의 가족 형태도 다양합니다. 엄마와 자녀로 이루어진 가족, 아빠와 딸로 이루어진 가족, 할머니와 손자로 이루어진 가족, 재혼을 해서 아버지나 어머니가 두 명인 경우도 있고, 형제나 자매의 부모가 서로 다른 경우도 있고, 레즈비언 동거 가족이나 게이 동거 가족도 있고, 자매애나 형제애 등 우정을 기반으로 이루어진 가족도 있을 것이고,

같이 동거를 하는 가족 형태도 있지만 주거지는 다르면서도 서로 돌보아주는 가족 형태도 있습니다. 혈연관계와는 아무 상관없는 구성원들로 이루어진 가족도 있을 것입니다. 성적인 것이 배제된 동거 형태의 가족도 있을 것입니다. 독신의 방식으로 지내면서 다양한 사람들과 교류를 하는 가족 형태도 있습니다. 느슨한 관계로 맺어진 가족도 있을 것이고, 혈연보다 더 밀접한 관계로 맺어진 가족도 있을 것입니다.

우리나라는 이성애적 결혼 제도에 따른 가족 형태만을 절대적으로. 정상적으로 여겨서 다른 형태의 대안가족을 만들기가 매우 어렵습니다마는 가족 형태가 다양하다는 것 정도는 알고 있어야 하고, 혹시라도 소위 정상적인 가족에서 벗어나는 형태의 가족, 공동체를 본다고 하더라고 이상히 여기지 말아야 할 것입니다.

다시 말해, 이성애적 결혼 제도에 따른 가족 형태에서 보자면 소위 콩가루 같은 가족, 비정상적인 가족들이 세상에 다양하다는 것입니다. 그러나 정상이냐. 비정상이냐라는 판단은 형식에 있는 것이 아니라 그 내용이 무엇이냐에 있습니다. 즉 하나님의 공동체적 속성을 드러낼 수 있는 것은 가족 형태에 달려 있는 것이 아니라 그 어떤 가족 형태이든지 간에 그 내용이 무엇으로 이루어지고 있는가입니다.

이성애적 결혼 제도에 따른 가족도 그 안에서 서로에 대한 폭력과 무시, 무책임, 착취 등이 빈번하다면 그 가족은 하나님의 공동체적 속성을 드러내지 못할 것입니다. 오히려 파괴하는 것입니다. 그러나 소위 세상에서 결손 가정 혹은 비정상적이라고 손가락질하는 가족 형태에서 돌봄과 사랑과 책임이 있다면 그 가족은 하나님의 공동체적 속성을 드러내는 것입니다.

이런 맥락에서 교회를 생각해 봅시다. 하나님의 공동체적 속성을 충분하게 드러내야 하는 관계가 교회에서의 관계입니다. 우리가 교회를 다닌다는 것은 단지 하나님과의 관계, 하나님에 대한 신앙 때문이 아닙니다. 그런 것은 혼자서도 가능합니다. 혼자서 성경 읽고 묵상하고 기도하고 찬송하고 하나님의 인도를 받으며 살면 됩니다. 그런데 하나님은 우리를 그렇게 구원하지 않았습니다. 우리를 교회로 구원했습니다. 그 이유는 교회라는 형식을 통해서 구현해야 할 무엇인가가 있다는 것이고, 가장 핵심적인 것은 '하나님의 공동체적 속성'을 교회에서의 관계를 통해서 드러내야 한다는 것입니다.

그래서 교회에서 가장 경계해야 할 것은 '혈연 가족 이기주의'입니다. 혈연 가족 간의 경쟁이나 비교는 교회에서 가장 피해야 할 악덕입니다. 교회에 아이들이 많습니다. 여러 가족들의 아이들입니다. 자기 아이만 챙기면 안 됩니다. 다른 가족의 아이도 자기 아이처럼 돌보고 살펴주어야 합니다. 서로에게 관심을 갖고, 필요를 살펴보고, 물질적, 정서적 어려움들을 같이 짐을 지고 돌봐주어야 합니다. 이런 것이 상당히 어렵습니다. 매우 어렵습니다. 그러나 매우 중요한 것입니다. 오지에 가서 선교하는 것보다 훨씬 어렵고 훨씬 더 중요한 것입니다.

이제 생각해 볼 것은 무엇이 하나님의 공동체적 속성을 반영하는 공동체일까요? 하나님의 공동체적 속성은 공동체의 형태로 증명되는 것이 아니라 어떤 형태이든지 간에 그 내용이 무엇으로 이루어지는가가 핵심입니다. 그것은 서로에 대한 책임, 배려, 돌봄, 지지 등일 것입니다.

성경은 이것을 '사랑'이라고 합니다. 사랑이 무엇일까요? 사랑만큼 흔하게 쓰이면서 동시에 그만큼 왜곡되는 것도 없을 것입니다. 부모가 자녀를 사랑하는 것을 생각해 봅시다. 자녀를 위해서 정말 헌신적입니다. 끔찍하게 자녀를 돌봅니다. 어릴 때만이 아니라 나이가 들어서도 그렇습니다. 사랑이라고 합니다. 그러나 그 내면을 자세히 살펴보면 그것은 사랑이 아니라 부모의 욕심을 자녀에게 투영하는 경우가 많습니다. 부모의 사랑을 끔찍이도 받는데 자녀는 숨이 막힌다고 합니다. 집을 나가고 싶다고 합니다. 부모는 내가 너를 위해 얼마나 희생했는데, 너를 얼마나 사랑했는데라고 분노하지만, 자녀에게는 숨 막히는 간섭일 뿐입니다. 연인 간에도, 부부간에도 사랑은 다양한 모습으로 나타나지만 대부분 사랑은 자신의 욕심을 채우는 수단으로 사용됩니다.

성경은 사랑을 무엇이라고 하나요? 여러분도 잘 아는 내용입니다. 고린도전서 13:4-7절입니다.

> **4** 사랑은 오래 참고, 친절합니다. 사랑은 시기하지 않으며, 뽐내
> 지 않으며, 교만하지 않습니다. **5** 사랑은 무례하지 않으며, 자기의
> 이익을 구하지 않으며, 성을 내지 않으며, 원한을 품지 않습니다.
> **6** 사랑은 불의를 기뻐하지 않으며, 진리와 함께 기뻐합니다. **7** 사
> 랑은 모든 것을 덮어 주며, 모든 것을 믿으며, 모든 것을 바라며,
> 모든 것을 견딥니다.

우리는 사랑에 대한 이 이야기를 대개 사람과 사람 사이의 관계로만 생각합니다. 그런데 우리가 염두에 두어야 할 것은 사랑은 하나님의 속성이라는 것입니다. 하나님은 공동체적 관계로 존재하시는데, 이 관계의 핵심이 사랑입니다. 그래서 요한은 하나님은 사랑이시다라고 선언한 것입니다.

그렇다면 고린도전서 13:4-7절에서 이야기하는 사랑의 모습

은 사람과 사람 사이의 관계에서만 이루어지는 것이 아니라, 우선적으로는 먼저 하나님이 우리를 이렇게 사랑하셨다는 것입니다. 하나님이 우리를 향하여 오래 참습니다. 우리의 부족함, 연약함에 대해 오래 참으며 기다리십니다. 하나님은 우리를 친절하게 대합니다. 하나님은 우리에게 무례하지 않습니다. 즉 우리에게 예의를 갖추어서 대하십니다. 우리를 함부로 취급하지 않습니다. 강압하거나 강제적으로 취급하지 않습니다. 하나님은 우리에게 뽐내지도 않고 교만하지도 않습니다. 당신이 얼마나 힘이 센지를 자랑하지 않습니다. 하나님은 함부로 성을 내지도 않고, 우리에게 원한을 품지도 않습니다. 하나님은 사랑으로 우리의 모든 허물을 덮어주며, 우리를 끝까지 믿어주며, 우리에 대한 바람, 기대, 소망을 놓지 않습니다. 이것이 하나님의 사랑입니다.

이러한 사랑을 받은 우리이기에, 우리는 타인에 대해서도 이렇게 사랑해야 합니다. 그리고 이러한 사랑의 관계가 이루어지는 공동체, 가족이라면 그것이 어떤 모습, 형태이든지 간에 하나님의 나라이고, 그렇지 않다면 그 어떤 형태라도 그것은 하나님의 나라가 아닙니다.

이런 맥락에서 본 교회를 살펴보아야 합니다. 교회가 나아가야 할 방향을 이런 차원에서 점검해보아야 합니다. 이러한 공동체적 관계가 우리 안에 있는지 잘 살피고, 그것을 이루기 위해서 어떻게 해야 할지, 교회적으로, 그리고 각자 어떻게 해야 할지 의논하고 실천해야 할 것입니다.

성경이 말하는 동성애

: 소돔의 죄는 동성애인가, 이방인에 대한 거부인가?

초판 1쇄 발행 2020년 7월 14일

지은이 홍석용

펴낸이 허민정

펴낸 곳 동무출판사

등록 2013년 10월 28일 (제2019-000077호)

전자우편 friendpublisher@gmail.com

주소 서울특별시 서대문구 증가로 6길 62-12 2층

페이스북·인스타그램 /friendpublisher

ISBN 979-11-86323-38-0 03230